AI英会話
スピークバディ

実際に使って身につける

英会話キーフレーズ

株式会社スピークバディ 編

無料音声アプリ
PCでもダウンロードできる

100

the japan times出版

英語を話せるようになりたい人のための、 「一番最初に勉強する本」ができました。

　「読むのはそれなりにできるけど話せない」、「何か言いたくても言葉が出てこなくて、悔しい」、英語を学習している方ならおわかりになる悩みかと思います。そんな悩みを抱える方たちに向けて、私たちはこの本を作りました。

　AI英会話アプリ「スピークバディ」のプロジェクトを始めた私自身、大学3年まで英語を全然勉強しておらず、就職先への内定を機に、中学1年生の文法（be動詞等）から勉強を始め、TOEIC満点や英検1級を取って、それなりに英語を自信をもって話せるようになった今までに合計で4000時間以上を費やしてきました。

　では、これから英語を話せるようになりたい人は、私と同じように膨大な時間を費やし、苦労しなければいけないのでしょうか？断言します。そんな必要はありません。

スピークバディ式学習法で 「相手に伝わる英語」を身につける

　私たちスピークバディは、従来の文法や単語をむやみに覚える学習法ではなく、言語習得理論に基づく**キーフレーズ学習メソッド「スピークバディ式学習法」**を確立しました。

スピークバディ式学習法とは…

❶ 会話で頻出するキーフレーズを使用場面とセットで覚える
❷ バディとの会話を通じて、キーフレーズを使えるようにする
❸ 繰り返し練習で、正しい発音・流暢さを身につける

　本書では、英会話で頻出するキーフレーズを 100 個厳選しました。日常会話でよくあるシチュエーションを網羅していますので、本書で使われるキーフレーズを身につければ、実際の会話の場面で英語を使いこなせるようになることをお約束します。

　本書をきっかけに、アプリでの学習にこれまで興味のなかった方にも「スピークバディ」を知っていただければと思っています。アプリから本に変わっても、スピークバディ式学習法は変わりませんが、アプリも併用すると、より学習効果を実感いただけます。

　自動翻訳や自動通訳サービスが普及していくなかで、語学学習はもはや不要だと考える人もいます。しかし、私たちは人の心に届く話をするためには、「自分の言葉で話す」ことが必須だと考えます。

　本書が、皆様の英語習得のきっかけとなり、人生の選択肢を広げる一助となることを願っています。

株式会社スピークバディ
代表取締役社長　立石剛史

Chapter 1

入門編 ▶ 会話の基礎固め

Chapter 2

日常編 ❶ ▶ 新たな出会い

Chapter 3

日常編 ❷ ▶ ロサンゼルスの生活

Chapter 4

トラベル編 ▶ ハワイ旅行

本書の音声は、スマートフォン（アプリ）やパソコンを通じて MP3 形式でダウンロードし、ご利用いただくことができます。

📱 スマートフォン

1. ジャパンタイムズ出版の音声アプリ
   「OTO Navi」をインストール
2. OTO Navi で本書を検索
3. OTO Navi で音声をダウンロードし、再生

   3 秒早送り・早戻し、繰り返し再生などの便利機能つき。
   学習にお役立てください。

💻 パソコン

1. ブラウザからジャパンタイムズ出版のサイト
   「**BOOK CLUB**」にアクセス
   https://bookclub.japantimes.co.jp/book/b570421.html
2. 「ダウンロード」ボタンをクリック
3. 音声をダウンロードし、音楽プレーヤーソフト（iTunes など）
   に取り込んで再生

   ※音声は zip ファイルを展開（解凍）してご利用ください。

スピークバディ式学習法とは？

　自分の言いたいことを相手に伝えるには、相手がわかる表現を使わなければなりません。そのためには、ネイティブスピーカーが普段使っている表現をそのまま覚えて使うのが一番です。とは言っても、無限にある表現をやみくもに覚えるのは非効率です。限られた時間の中で効率的に学ぶために、**スピークバディ式学習法では「キーフレーズ」を身につけていきます。**

　スピークバディ式学習法では、会話の型（＝キーフレーズ）の空いている部分にパズルのように単語を入れ替えて文を作ります。

> **キーフレーズの例** May I 〜?　〜してもよろしいでしょうか
> I want to 〜　〜したい
> What is 〜 like?　〜はどんな感じか

　この学習法の利点は何と言っても、「正しく自然な表現ができるようになる」ことです。日本語を直訳して作った文は、ネイティブスピーカーには不自然で、全く通じないこともあります。しかし、キーフレーズを使うことで、きちんと伝わる表現で話すことができます。また、日本語と英語は語順も異なり、文を一から作るのは時間がかかりすぎます。しかし、キーフレーズを使うことで、**即座に相手に伝わる表現で会話ができます。**

スピークバディ式学習法・3つのポイント

1 キーフレーズをシチュエーションとセットで覚える

　「いざ会話になったら言葉が出てこなかった」という状況を避けるために必要なのは、**会話のリハーサル（事前練習）を十分に積むこと**で

従来の学習法

スピークバディ式学習法

す。スピークバディでは、日本人が英語を使う際のトピックや状況・会話相手などを想定し、その中から頻出のシチュエーションを選りすぐり、難易度を考慮してレッスンを編成しています。実際の会話とできるだけ近い状況で練習しておくことで、本番で力を発揮することができるのです。

　学生時代の英語学習を振り返ってみると、文法ルールや単語をひたすら覚えることに終始していて、「いつ使うか？」ということに注意を向けていなかったという方は多いのではないでしょうか。

　理解はできても、いざ使うとなると使えないのは、その学習の仕方に原因があります。スピークバディでは、**会話の中でキーフレーズを使う練習**を行います。相手のどのような質問に対する返事なのか、相手はどう返答をするのか、シチュエーションとセットでキーフレーズを頭の中に

インプットします。この練習を積むことで、それに近い状況に遭遇したときに、**頭の中にあるキーフレーズをとっさに取り出して使う**ことができるようになります。

　本書では、各レッスンで1キーフレーズをシチュエーションとセットで学びます。キーフレーズを見たときに、既に知っているものも多いと感じるかもしれません。そんなときは、「実際に使えるか?」と自問してみてください。もし、その答えがNoであるなら、使える知識に変えるチャンスと思って、レッスンに挑戦してみましょう。

2 バディとの会話を通じて、キーフレーズを使えるようにする

　スピークバディ式学習法では、キーフレーズの導入となる会話に加えて、練習用の短い会話を2つ用意しています。**その会話の中で、日本語で与えられたメッセージをキーフレーズを使って言う練習をします。**この練習の目的は、キーフレーズを使って、自分の言いたいことを伝えられるようにすることです。

　実際にキーフレーズを応用しようとすると、「後ろに続く動詞は原形? ing形?」「この単語はどう言うんだろう?」などと考えることになり、関係する文法事項や一緒に使われる単語にも注意が向きます。この考えるプロセスがキーフレーズを使える知識にするためにとても大切です。**どう言うか自分なりに考えて、回答例でチェックをして学ぶことを繰り返していくことで、表現力が磨かれていきます。**また、使う練習を通して、自分がしてしまいがちなミスに気がつくこともできます。

3 繰り返し練習で、正しい発音・流暢さを身につける

　最後に、会話練習において重要なのは、**実際に口を動かす練習です。**いくら単語やフレーズをたくさん覚えていても、瞬時に口をついて出てこないのでは会話のチャンスは遠ざかってしまいます。スピークバディのレッスンがとてもシンプルなのは、練習に時間を割いてほしいからです。

また、ネイティブのように流暢になる必要はありませんが、**伝わる発音で話すことは必要不可欠です**。発音がよくなる利点は相手に伝わることだけではありません。外国語で話すことは、伝える内容を考えて、それを言葉にして、発音するという負荷のかかる作業です。発音にかかる負担が少しでも減れば、他の部分に気を配ることができます。また、**発音に対する自信がつけば、積極的に発言ができるようになります**。本書に付属の音声やアプリを活用して、何度も繰り返し口に出して練習してみてください。スピークバディのアプリを併用すれば、発音に対するフィードバックを受けることもできます。

　では、本書を活用して、英語で言いたいことを伝えられるようになる練習を始めましょう！ *Practice makes perfect!*（継続は力なり！）

スピークバディのアプリについて

本書と並行して、アプリでの学習にも興味のある方は、p. 228 を参照して、アプリでのスピークバディ学習法をぜひ体験してください。

本書の使い方

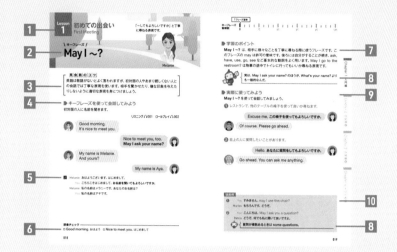

1 タイトル

最初にここで、左ページの会話のテーマを把握しましょう。

2 キーフレーズ

各レッスンで学ぶキーフレーズです。このフレーズを身につけることがレッスンの目標です。

3 英会話のコツ

「Chapter 1入門編」のみに掲載されているコーナーです。会話を続けるためのコツやマナーなどを説明しています。

4 キーフレーズを使って会話してみよう

各レッスンのキーフレーズを使った会話文です。音声を使った練習方法はp. 016 へ。

自然な会話の中でキーフレーズが使えるように何度も練習しましょう。

5 会話訳

会話文の訳です。訳はあくまでも補助的な情報としてわからない箇所があった際に参照してください。

6 語彙チェック

　会話に出てくる単語や表現を確認しましょう。アプリの単語学習モードの約5万件のデータを基に、正答率が特に低い語彙に**難**マークを付けています。

7 学習のポイント

　このレッスンのキーフレーズが主にどういうときに使われるのかを説明しています。理解した上で、次の「実際に使ってみよう」に挑戦してみましょう。

8 プロティの一言チェック

　キーフレーズや回答について役に立つ情報を、ガイド役のプロティが教えてくれます。また、アプリの応用練習モードの約30万件のデータを基に、よくある間違いや正答率が低いものについてコメントしてくれます。

スピークバディのガイド役「プロティ」

9 実際に使ってみよう

　仕上げの応用練習です。会話内の日本語部分を、そのレッスンで学んだキーフレーズを使って英語で伝えてみましょう。

10 回答例

　英語部分の和訳とYouの日本語部分の英語での回答例です。回答が自然に口をついて出てくるようになるまで「実際に使ってみよう」に戻って何度も練習してください。

■ キーフレーズチェック

　巻末(p. 224〜)に、各レッスンで学んだキーフレーズのチェックリストがあります。各レッスン終了後、各チャプター終了後、あるいは本書完了後に、リストにある日本語を英語にできるか挑戦してみましょう。

　スラスラ英語にできなかったキーフレーズは、該当するレッスンに戻って、何度も復習しましょう。繰り返しの学習が会話力上達の秘訣です。

■ 音声を利用した効果的な学習方法

　　→ 音声のダウンロードの方法は p. 009 へ。

　　4 の会話を使って次の手順で練習します。

> ▶ キーフレーズを使って会話してみよう
> 初対面の人に名前を聞きます。
>
> リスニング ∩ 001　ロールプレイ ∩ 002

 Good morning.
It's nice to meet you.

Nice to meet you, too.
May I ask your name?

My name is Melanie.
And yours?

My name is Aya.

---

1. コーナータイトル下で、今回の会話の状況を説明していますので、会話練習に臨む前にまず目を通してください。

2. テキストを見ながら各レッスンのリスニング用音声を聞き、会話全体を把握します。このとき日本語訳 **5** や語彙チェック **6** を参照しても構いません。

3. ロールプレイ用の音声を使って役割練習をします。バディのパートはテキストではピンクの吹き出し **A** になっています。You（あなた）のパートの吹き出しはグレー **B** です。

4. ロールプレイ用の音声では、You のパートはポーズになっていますので、そのタイミングで発話します（You の発話から会話が始まる場合は、最初のポーズの前に合図の音がしますので、そのタイミングで話し始めてください）。太字になっているキーフレーズに注意しながら、You のセリフを声に出して言ってみましょう。

Chapter 1

入門編
会話の基礎固め

まずはウォームアップ。様々な場面での会話を通じて、
日常会話で頻繁に使われる基本表現を学び、
会話の基礎力をつけましょう。

Melanie

Olivia

Debra

Adam

Nancy

このチャプターでは、あなたの名前は Aya Suzuki です。

初めての出会い
First Meeting

「〜してもよろしいですか」と丁寧に尋ねる表現です。

Melanie

\ キーフレーズ /

May I 〜?

[英|会|話|の|コ|ツ]
英語は敬語がないとよく言われますが、初対面の人やあまり親しくない人との会話では丁寧な表現を使います。相手を驚かせたり、嫌な印象を与えたりしないように適切な表現を身につけましょう。

▶ キーフレーズを使って会話してみよう

初対面の人に名前を聞きます。

リスニング 🎧001　ロールプレイ 🎧002

Good morning.
It's nice to meet you.

Nice to meet you, too.
May I ask your name?

My name is Melanie.
And yours?

My name is Aya.

訳　Melanie　おはようございます。はじめまして。

You　こちらこそはじめまして。**お名前を聞いてもよろしいですか。**

Melanie　私の名前はメラニーです。あなたのお名前は？

You　私の名前はアヤです。

語彙チェック ────────────────────────
□ **Good morning.** おはよう　□ **Nice to meet you.** はじめまして

▶ 学習のポイント

May I ～? は、相手に様々なことを丁寧に尋ねる際に使うフレーズです。このフレーズの may は許可の意味です。後ろには自分がすることが続き、ask, have, use, go, see など基本的な動詞をよく用います。May I go to the restroom? は物事の途中でトイレに行ってもいいか尋ねる表現です。

> 実は、May I ask your name? のほうが、What's your name? よりも一般的なんだ。

▶ 実際に使ってみよう

May I ～? を使って会話してみましょう。

❶ レストランで、他のテーブルの椅子を使って良いか尋ねます。

Excuse me, **この椅子を使ってもよろしいですか。**

 Of course. Please go ahead.

❷ 目上の人に質問したいことがあります。

Hello. **あなたに質問をしてもよろしいですか。**

 Go ahead. You can ask me anything.

回答例

❶　You　**すみません、**may I use this chair?
　　Marion　もちろんです。どうぞ。

❷　You　**こんにちは。**May I ask you a question?
　　Debra　どうぞ。何でも私に聞いて良いですよ。

> 質問が複数あるときは some questions。

019

あなたの一日
Your Day

「〜の調子はどうですか」と状態を
尋ねる表現です。

Guido

\ キーフレーズ /

How is 〜?

英│会│話│の│コ│ツ
英語で会話を上手に続けるコツは相手に質問をすることです。英語での会話は日本語と比べてペースが速く、沈黙を嫌うことが多いです。質問の引き出しを増やして、自分から積極的に話題を振れるようになりましょう。

▶ キーフレーズを使って会話してみよう

友人に調子はどうかと尋ねます。

リスニング🎧003　ロールプレイ🎧004

 It's nice weather today, isn't it?

Yes, it's sunny.
How is your day today?

 It's perfect.
I ate breakfast with my wife
at a cafe this morning.

That sounds nice.

訳　Guido　今日は良い天気ですね。
　　You　はい、晴れていますね。**今日のあなたの一日の調子はどうですか。**
　　Guido　完璧です。今朝、カフェで妻と朝食を食べました。
　　You　それはいいですね。

語彙チェック
□ weather 天気　□ 〜, isn't it? 〜ですね 熟　□ sunny 晴れた　□ perfect 完璧な
□ breakfast 朝食　□ wife 妻

キーフレーズ
習得数

0　　　　　20　　　　40　　　　60　　　　80　　　　100

▶ 学習のポイント

How is ～? は、状態について尋ねる表現です。具体的には相手にその日のことや天気などを尋ねるときに使います。相手のものについて聞くときは、How is your ～?となり、後ろに家族（family, brother, son）や仕事（job）などの言葉が入ります。

How is は How's でも OK。

▶ 実際に使ってみよう

How is ～? を使って会話してみましょう。

❶ 友人に今日の天気を尋ねます。

今日の天気はどうですか。

 It's rainy. You need an umbrella.

❷ 友人に病気の弟の具合を尋ねます。

あなたの弟の具合はどうですか。
You said he was sick.

 He is almost well now. Thank you.

回答例

❶　You　How is the weather today?
Kohei　雨です。傘が必要ですよ。

 尋ねているのは特定の場所の天気なので the は必須。

❷　You　How is your brother? 病気だと言っていましたよね。
Zac　今は、ほぼ元気になりました。ありがとうございます。

 弟と兄を区別するなら、弟は younger brother、兄は older brother。

出身
Hometown

「〜から来ました」と出身を話すときの表現です。

Debra

\ キーフレーズ /
be from 〜

英|会|話|の|コ|ツ

英会話の定番、出身地の話題はスムーズにこなせると自信がつきます。どんな町かと質問を受けることも多いので、人口や有名なもの、どこにあるかなども言えるようにしておくと良いでしょう。

▶ キーフレーズを使って会話してみよう

会社の同僚と出身地について話します。

リスニング 🎧005　ロールプレイ 🎧006

 I was born in the UK.
Where are you from?

I'm from Tokyo, Japan.

 Oh, I see.
Tokyo is a lovely place.

Thank you.
I think so, too.

訳　Debra　私はイギリスで生まれました。あなたの出身はどちらですか。

　　You　**私は日本の東京出身です。**

　　Debra　ああ、わかりました。東京は美しい場所ですね。

　　You　ありがとうございます。私もそう思います。

語彙チェック ―――――――――――――――――――――――――――――――

□ be born in 〜で生まれた 🌀　□ the UK イギリス　□ I see. わかりました
□ lovely 美しい 🌀

▶ 学習のポイント

be from ～ は、自己紹介などで出身地を伝えるときに使う表現で、後ろには出身地名が続きます。自分の出身地は I'm/I am from ～. 自分以外の人は She/He is from ～. 相手に尋ねるときは Where are you from? や Are you from this city? などと言います。

> 日本語では「～から来た」だけど、英語は過去形にしないようにね。

▶ 実際に使ってみよう

be from ～ を使って会話してみましょう。

❶ 自分の家族の出身地について話します。

> I live in Tokyo.
> But, 私の両親は京都出身です。

 Kyoto is a beautiful city.
I went there last year.

❷ 雑誌に載っているモデルについて尋ねます。

> このモデルはアメリカ出身ですか。
> I don't know her.

 She's from Germany.
She's young, but she's a popular model.

回答例

❶   You   私は東京に住んでいます。でも、my parents are from Kyoto.
     Adam   京都は美しい都市ですね。去年そこに行きました。

❷   You   Is this model from America? 彼女のことを知りません。
     John   彼女はドイツ出身です。若いけれど、人気のモデルなんですよ。

> 疑問文では be 動詞を文頭に。

連絡先
Personal Information

「あなたの〜は何ですか」と相手について尋ねる表現です。

\ キーフレーズ /
What is your 〜?

Marion

英|会|話|の|コ|ツ

相手と親しくなってきたら、連絡先や職業、好きなものなどを積極的に聞いてみましょう。聞いてもいいか迷う内容のときは、レッスン1のキーフレーズを使って、May I ask your 〜? と尋ねると良いです。

▶ キーフレーズを使って会話してみよう

初めて会った人と連絡先を交換します。

リスニング 🎧 007　ロールプレイ 🎧 008

It was nice to meet you.
Let's talk again.

Of course.
What is your phone number?

Here it is.
You can put it in your phone.

Thank you.
Here's mine.

訳　Marion　あなたにお会いできて良かったです。また話しましょう。

You　もちろんです。**あなたの電話番号は何番ですか。**

Marion　どうぞ。あなたの電話に登録したら良いですよ。

You　ありがとうございます。これが私のものです。

語彙チェック ─────────────────────────────

□ of course もちろん　□ Here it is. どうぞ　□ put 〜 in ... 〜を…に入れる

4フレーズ習得

キーフレーズ
習得数

0　　　　　　　20　　　　　40　　　　　60　　　　　80　　　　　100

▶ 学習のポイント

What is your ～? は、名前（name）や誕生日（birthday）、仕事（job）など、相手の情報について尋ねる表現です。個人的なことを尋ねるので、使う相手や内容には注意しましょう。What is his/her ～? と言うと、第三者の情報を聞く表現になります。

What is は What's でも OK。

▶ 実際に使ってみよう

What is your ～? を使って会話してみましょう。

❶ 友人にメールアドレスを尋ねます。

> **あなたのメールアドレスは何ですか。**

> It's K-Hey at tangerine dot com.
> Please email me anytime.

❷ 友人に好きな色を尋ねます。

> I like orange.
> **あなたのお気に入りの色は何ですか。**

> My favorite color is purple.
> I think it's a pretty color.

回答例

❶　You　What is your email address?

　　Kohei　K-Hey@tangerine.com です。いつでもメールしてくださいね。

 email と mail は違うよ。mail address は郵送先の住所。

❷　You　私はオレンジ色が好きです。What is your favorite color?

　　Melanie　私のお気に入りの色は紫です。綺麗な色だと思います。

 favorite color/movie/place など、favorite ～（お気に入りの～）は便利な表現だよ。

家族
Family Members

「〜がいます」と家族構成を伝える表現です。

Keira

\ キーフレーズ /

I have 〜

英|会|話|の|コ|ツ

家族の話はプライベートな性格のものなので、親しくなった相手とします。そのときに便利な動詞が have。「持つ」という意味で最初に習いますが、「所有する」という単語のイメージがつかめると一気に表現の幅が広がります。

▶ キーフレーズを使って会話してみよう

会社の同僚と家族構成について話します。

リスニング 🎧 009　ロールプレイ 🎧 010

 Do you come from a big family, Aya?

Not really.
I have four people in my family.

 I see.
Tell me more about your family.

Sure.
Here is a picture of us.

訳　Keira　あなたのところは大家族ですか、アヤ。
　　You　そうでもありません。**私の家族は 4 人です。**
　　Keira　そうですか。あなたの家族についてもっと教えてください。
　　You　もちろんです。これが私たちの写真です。

語彙チェック ──────────────────
□ big family 大家族　□ Not really. そうでもない 🔊　□ sure もちろん

▶ 学習のポイント

I have ~ は、「I have ＋数詞（何人、何匹）＋名詞（誰 or 何）」の形で、自分の家族構成や飼っているペットなどを紹介する際に使えます。何人家族か伝えるときは、I have ~ people in my family. とし、~に人数を入れます。

　I have four families. は×。4 つの家族になってしまうよ。

▶ 実際に使ってみよう

I have ~ を使って会話してみましょう。

❶ 友人と兄弟姉妹について話します。

I'm an only child.
Do you have brothers or sisters?

Yes, I do. 私は 2 人の姉妹がいます。

❷ 友人とペットについて話します。

家でペットを飼っています。
It's a small snake.

A snake! That's an interesting pet.

回答例

❶ Ashley　私は一人っ子なんです。あなたは兄弟か姉妹はいますか。

　　You　はい、います。I have two sisters.

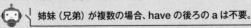　姉妹（兄弟）が複数の場合、have の後ろの a は不要。

❷ 　　You　I have a pet at home. 小さなヘビです。

　　Nancy　ヘビ！ それは面白いペットですね。

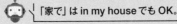　「家で」は in my house でも OK。

Lesson 6 家族写真
A Family Picture

Hannah

「〜は誰ですか」と知らない人について尋ねる表現です。

\ キーフレーズ /
Who is 〜?

英|会|話|の|コ|ツ

自分の知らない人について尋ねられるようにしておくと、スマートフォンなどで写真や動画に出ている人の話をするときや、訪れた場所に面識のない人がいたときに便利です。興味があったら失礼にならない程度に尋ねてみましょう。

▶ キーフレーズを使って会話してみよう

友人の家族写真について質問をします。

リスニング 🎧011　ロールプレイ 🎧012

 This is a picture of my family.
It's from last year.

Who is that man in the picture?

 That's my cousin.
He's working in China.

Oh, that's great.
He looks very tall.

訳　Hannah　これは私の家族の写真です。去年のものです。
　　You　写真のその男性は誰ですか。
　　Hannah　私のいとこです。彼は中国で働いています。
　　You　わあ、それは素晴らしいですね。彼はとても背が高そうですね。

語彙チェック
□ last year 去年　□ cousin いとこ 難

028

6フレーズ習得

キーフレーズ
習得数

0　　　　20　　　　40　　　　60　　　　80　　　100

▶ 学習のポイント

Who is ~? は、特定の人物を指してその人が誰なのかを尋ねる表現です。写真に写っている人物、相手が好きな俳優等、いろいろな人物を確認できます。Who's ~? と省略して言うこともできますが、発音が似ている Whose ~?（誰の~?）と混同しないように注意しましょう。

Who is は Who's でも OK。

▶ 実際に使ってみよう

Who is ~? を使って会話してみましょう。

❶ 店内にいる女性について店員に尋ねます。

Excuse me, 短い髪のあの女性は誰ですか。

 The tall one? She is my boss.

❷ 写真に写っている人について友人に尋ねます。

この写真の左側の男性は誰ですか。

 He's my boyfriend.
He's kind, and I think he's handsome.

回答例

❶ You すみません、who is that woman with the short hair?
Erica あの背の高い人ですか。彼女は私の上司ですよ。

 短い／長い髪の女性は、woman with the short/long hair だよ。

❷ You Who is the man on the left in this picture?
Mia 彼は私の彼氏です。優しくて、ハンサムだと思います。

 正答率 18%。on the left（左側の）がポイント。left side man や the man on left は×。

「〜はどこですか」と場所を尋ねる
表現です。

Steven

\ キーフレーズ /
Where is 〜?

```
英|会|話|の|コ|ツ
場所を尋ねる表現は、出身地や特定の国・都市の地理的な話をするときや、
慣れない土地で道に迷ったときに必須です。基本表現だからこそ使う頻度
も多いので、綺麗な発音でスムーズに言えるようにしておきましょう。
```

▶ キーフレーズを使って会話してみよう

会社の同僚に故郷について尋ねます。

リスニング 🎧013　ロールプレイ 🎧014

So, you're from Japan?
That's really cool.

Thank you.
Where is your hometown?

My hometown is San Francisco.
It's a big city.

Really?
I went there last summer.

訳　Steven　ところで、あなたは日本出身なんですか。それはすごくかっこいいですね。
　　　You　ありがとうございます。**あなたの故郷はどこですか。**
　　Steven　私の故郷はサンフランシスコです。大都市なんです。
　　　You　本当ですか？ 去年の夏に行きました。

語彙チェック
□ So, 〜 ところで、〜　□ cool かっこいい　□ hometown 故郷

1フレーズ習得

キーフレーズ
習得数

0　　　　　　20　　　　　　40　　　　　　60　　　　　　80　　　　　　100

▶ 学習のポイント

Where is ～? は、あれはどこにあるのか、あの人はどこにいるのかなど、物や人の所在地を尋ねる基本的な表現です。街中で何かを探していて、人に尋ねたいときに使えます。Where is の is の発音は前の単語の r と繋がって「リズ」のように変化します。

▶ 実際に使ってみよう

Where is ～? を使って会話してみましょう。

❶ 店員にお手洗いの場所を尋ねます。

> **このお店の中にお手洗いはどこにありますか。**

 It's on the second floor at the back of the store.

❷ 携帯電話を失くしてしまいました。

> I lost my phone.
> **一番近い警察署はどこですか。**

 It's down the street. I'll go there with you.

回答例

❶　　You　Where is the bathroom in this store?

　Christina　お店の 2 階の奥にあります。

 「トイレ」は bathroom や restroom が一般的。米英語では toilet は「便器」のこと。

❷　　You　私の携帯電話を失くしてしまったんです。Where is the closest police station?

　Jesse　この先にあります。私があなたと一緒に行きますよ。

 「最寄りの～」は the closest/nearest ～。直前の the を忘れずに。

日常生活
Daily Life

「〜するつもりです」と予定を話す
表現です。

\ キーフレーズ /

be going to 〜

Ashley

┌ 英|会|話|の|コ|ツ ┐

自然な会話をするためにはネイティブが使うカジュアルな言い方を知って
いることも大切です。この手の表現は学校ではあまり習わなかったと思い
ますが、一度覚えれば難しくはありません。ただし使う場面・相手には気を
つけましょう。

▶ キーフレーズを使って会話してみよう

友人に今日の予定を伝えます。

リスニング 🎧015　ロールプレイ 🎧016

 Aya, how is your day going?

 It's okay.
It's Sunday, but I have to work.

 What are you going to do after work?

 I'm going to study English.
I have an exam next week.

訳　Ashley　アヤ、今日のあなたの調子はどうですか。

　　You　まあまあです。日曜日ですが、仕事があるんです。

　　Ashley　仕事の後は何をするつもりですか。

　　You　私は英語を勉強するつもりです。来週、試験があるんです。

語彙チェック ──────────────────────────────

□ exam 試験 🈑　□ next week 来週

8フレーズ習得

| キーフレーズ習得数 | 0 | 20 | 40 | 60 | 80 | 100 |

▶ 学習のポイント

be going to ~ は、ある程度確定している未来の出来事を伝える表現です。ネイティブスピーカーはカジュアルな場面で going to を gonna と省略して使うこともあります。will や plan to を使うよりも実現性が高いことが相手に伝わります。

▶ 実際に使ってみよう

be going to ~ を使って会話してみましょう。

❶ 英語の先生からもっと勉強をするよう言われます。

> Please study hard.
> You have a grammar test next week.

> Okay, I got it.
> **今夜練習するつもりです。**

❷ 同僚にランチを食べるか尋ねます。

> **今ランチをするんですか。**

> Yes, I am. I have a turkey sandwich.

回答例

❶ Melanie 一生懸命勉強してくださいね。来週、文法のテストがあるんですよ。
　　　You　はい、わかりました。I'm going to practice tonight.

❷ 　　　You　Are you going to eat lunch now?
　　　John　はい、そうです。七面鳥のサンドイッチがあるんです。

> 「ランチをする」は eat lunch や have lunch。lunch の前に "a" や "the" は不要。

趣味
Hobby

「〜するのが好きです」と好みについて話す表現です。

Vanessa

\ キーフレーズ /
like 〜ing

[英|会|話|の|コ|ツ]
趣味や関心があることについて話せるようにしておくと、初対面の人に自分のことをよく知ってもらう際に役立ちます。自分が好きなことについてであれば、話もしやすいので、話題の引き出しの一つとして持っておきましょう。

▶ キーフレーズを使って会話してみよう
友人に自分の趣味がスポーツであることを伝えます。

リスニング 🎧017　ロールプレイ 🎧018

 What is your hobby?

I like playing sports.
How about you?

 Let me see.
I like cooking and reading books.

Oh, I see.
I only like to read comic books.

訳　Vanessa　あなたの趣味は何ですか。
　　　　You　**私はスポーツをするのが好きです。**あなたはどうですか。
　　Vanessa　ええと。私は料理と読書が好きです。
　　　　You　ああ、そうなんですね。私が読むのが好きなのは漫画本だけです。

語彙チェック
□ hobby 趣味　□ How about you? あなたはどうか　□ Let me see. ええと 難
□ comic book 漫画本

▶ 学習のポイント

「**like ＋動詞の ing 形**」で、するのが好きなことを伝えます。初対面の人に、自分の趣味や好みを伝える際に便利です。その行為が大好きなら後ろに very much をつけます。go shopping（買い物に行く）が好きな場合には、go を ing 形にして、I like going shopping と言います。

> 「スポーツをするのが好き」は I like playing sports. I like doing sports. は×。

▶ 実際に使ってみよう

like ~ing を使って会話してみましょう。

❶ ショッピングモールで出会った女性と書店の話をします。

That bookstore is very popular.
Do you read books often?

Yes. 英語の本を読むのが好きなんです。

❷ 友人に週末の予定について尋ねます。

週末に買い物に行くのが好きですか。

No, I don't.
I like staying at home on weekends.

回答例

❶ Hannah　あの書店はすごく人気なんですよ。あなたは本をよく読みますか。

　　You　はい。I like reading English books.

 英語の本全般を言っているので books と複数形に。

❷ 　　You　Do you like going shopping on weekends?

　　Nancy　いえ、好きではありません。週末は家にいるのが好きです。

 正答率 20%。この「週末」は特定の週末ではないので weekends。on も忘れずに。

「上手に〜できます」と得意なことを伝える表現です。

\ キーフレーズ /

I can 〜 well.

Nancy

英|会|話|の|コ|ツ

趣味の話題の延長で、特技の話になることも多いです。いつ特技を聞かれても良いように、自分が演奏できる楽器や得意なスポーツ・料理などについて前もって答えられるようにしておきましょう。

▶ **キーフレーズを使って会話してみよう**

友人にピアノを弾くのが得意だと話します。

リスニング 🎧019　ロールプレイ 🎧020

 Did you say you play the piano?

Yes, I did.
I can play the piano well.

 Wow! Do you play any other instruments?

No, I don't.
But I'd like to learn the guitar.

訳　Nancy　あなたはピアノを弾くと言っていましたか。

You　はい、言いました。**私は上手にピアノが弾けます。**

Nancy　わあ！あなたは何か他の楽器を演奏しますか。

You　いいえ、演奏しません。でも、ギターを習いたいです。

語彙チェック
□ **Did you say 〜?** 〜と言ったか 難　□ **play the piano** ピアノを弾く
□ **play an instrument** 楽器を演奏する 難　□ **other** 他の

▶ 学習のポイント

I can ~ well. は、自分の得意なことを伝える表現です。can の後ろには、play（演奏する）や sing（歌う）、remember（覚える）などの動詞の原形が続きます。この場合の well は「上手に」という意味の副詞です。

▶ 実際に使ってみよう

I can ~ well. を使って会話してみましょう。

❶ 歌うのが好きな曲について話します。

> I'm going to sing karaoke tonight.
> Do you like singing, Aya?

> Yes, I do. **日本の歌を上手に歌えますよ。**

❷ 英語の勉強で悩んでいることを伝えます。

> How are your English studies, Aya?

> **単語はよく覚えられます。**
> But, I can't use them.

回答例

❶　Ashley　今夜カラオケで歌うつもりです。歌うのは好きですか、アヤ。

　　You　はい、好きです。I can sing Japanese songs well.

 日本の歌全般を言っているので songs と複数形。music は×。

❷　Vanessa　あなたの英語の勉強はどうですか、アヤ。

　　You　I can remember words well. でも、使うことができないんです。

特定の「言葉」じゃないから words と複数に。発音は「ワーズ」になりがちだけど、r の音を意識して舌を反らせると良いよ。

「～に興味があります」と関心事に
ついて話す表現です。

Erica

be interested in ～

＼ キーフレーズ ／

英|会|話|の|コ|ツ
興味のある物事について会話ができるようにしておくと話が弾みます。自
分の関心のあることを通じて、相手との共通点が見つかったり、何か有益
な情報を教えてもらえたりするかもしれません。

▶ **キーフレーズを使って会話してみよう**
友人に海外旅行が好きなことを話します。

リスニング 🎧021　　ロールプレイ 🎧022

Aya, do you travel abroad often?

Yes, I do.
I'm interested in different cultures.

Me too.
Are you going somewhere this year?

Yes, I'm going to my friend's house in
America during the winter vacation.

訳　　Erica　アヤ、あなたはよく海外に旅行しますか。
　　　You　はい、私はよく旅行します。**私は異文化に興味があるんです。**
　　　Erica　私もです。今年はどこかへ行くんですか。
　　　You　はい、冬休みにアメリカの友人の家に行くつもりです。

語彙チェック
□ travel abroad 海外へ旅行する　□ often よく　□ different culture 異文化
□ somewhere どこかへ　□ winter vacation 冬休み

▶ 学習のポイント

be interested in ~ は、自分が興味をもっていることについて伝える表現です。 in の後ろには名詞あるいは動詞の ing 形が続きます。これはあくまでも「関心がある対象」であり、「好きなもの」とはニュアンスが違うことに注意しましょう。

> 「興味がある」は I'm interested in ~。I'm interesting. と言うと「私は面白い人です」という意味になってしまうよ。

▶ 実際に使ってみよう

be interested in ~ を使って会話してみましょう。

❶ 自分が興味があることについて話します。

> **私はプログラミングに興味があるんです。**

Really? I'm taking an online class now.
It's difficult but fun.

❷ 絵を描くことに興味があるか尋ねます。

Look at that poster.
A new painting class starts on Friday.

> **あなたは絵を描くことに興味があるんですか。**

Yes, I am. I like art.

回答例

❶　You　I'm interested in programming.

　　Adam　本当ですか。私は今オンラインの授業を受けています。難しいけど、面白いですよ。

❷　Mia　あのポスターを見てください。新しい絵画教室が金曜日に始まります。

　　You　Are you interested in painting?

　　Mia　はい、あります。芸術が好きなんです。

ヨガクラス
Yoga Class

「いつ〜しますか」と何かをする時間を尋ねる表現です。

Olivia

\ キーフレーズ /
When do you 〜?

英会話のコツ

人と親しくなると、相手の普段の生活についてもっと知りたくなります。相手の日課や予定を知っておくと、一緒に何かをしようと計画する際には便利です。

▶ キーフレーズを使って会話してみよう

友人がいつヨガクラスに行くのかを尋ねます。

リスニング 🎧 023　ロールプレイ 🎧 024

 I enjoy doing yoga.
I attend yoga classes.

When do you go to yoga class?

 I go to yoga on Monday and Wednesday nights.

Two days a week!
That's a lot of exercise!

訳　Olivia　私はヨガをするのが好きなんです。ヨガのクラスに出席しています。

　　You　**あなたはいつヨガクラスに行っていますか。**

　　Olivia　月曜日と水曜日の夜にヨガに行っています。

　　You　週2日ですか！ たくさん運動しているんですね！

語彙チェック ―――――――――――――――――――――――――――

□ **attend** 出席する 🌱　□ **class** 授業　□ **〜 days a week** 週〜日
□ **exercise** 運動

▶ 学習のポイント

When do you ~? で、相手がある物事をいつするのかを尋ねることができます。この do は「する」という動詞ではないので、~に具体的な行為を表す go や start などの動詞の原形を入れましょう。過去の出来事について尋ねる際には do を did に替えて When did you ~? と言います。

> you の直後に usually を入れれば、未来の予定ではなく、いつもの習慣を聞けるんだ。

▶ 実際に使ってみよう

When do you ~? を使って会話してみましょう。

❶ 友人に就寝時間を尋ねます。

> You work at the supermarket at night.
> **普段はいつ眠るんですか。**

> I get home around 10.
> And, I usually go to sleep at midnight.

❷ 友人に新しい仕事について質問します。

> **いつファストフードレストランで仕事を始めるのですか。**

> My first day is on Sunday.
> I'll go to work early that morning.

回答例

❶　You　あなたは夜、スーパーで働いていますね。When do you usually sleep?
　　Erica　10 時頃帰宅します。そして、たいてい深夜に眠ります。

❷　You　When do you start work at the fast food restaurant?
　　Steven　初日は日曜日です。その日の朝早く仕事に行きます。

> 正答率 20%。特定のレストランでのことを聞いているので the は必須。

映画
Movie

「どの〜が…ですか」と複数の選択肢から一つに絞ってもらう表現です。

John

\ キーフレーズ /

Which 〜 do you ...?

[英|会|話|の|コ|ツ]

相手と一緒に出かけたり、活動を共にしたりするときには、自分が良いと思うものを一方的に述べるのではなく、先に相手の好みも聞くようにしましょう。そうすることで、相手を尊重しているというメッセージが伝わります。

▶ キーフレーズを使って会話してみよう

家に遊びに来た友人に好きな映画を尋ねます。

リスニング 🎧025　ロールプレイ 🎧026

 I brought two movies, an action movie, and a comedy movie.

Which movie do you like?

 I like the comedy movie. It's more interesting.

Great. I like funny movies, too.

訳

John　映画を2本持って来ました、アクション映画が1本とコメディ映画が1本です。

You　**あなたはどちらの映画が好きですか。**

John　私はこのコメディ映画が好きです。そちらのほうが面白いです。

You　素晴らしい。私も面白い映画が好きなんです。

語彙チェック ─────
□ **bring** 持って来る（brought は過去形）　□ **funny** 面白い

▶ 学習のポイント

Which ~ do you ...? は、いくつかある物のうち相手がどれを選ぶのかを問う表現です。~に映画や音楽などカテゴリー名が入り、you の後に動詞の原形が入ります。動詞の部分に like を入れれば、「どの~が好きですか」と相手の好みを尋ねることができます。

▶ 実際に使ってみよう

Which ~ do you ...? を使って会話してみましょう。

① ランチにどのレストランに行こうか迷っています。

> There is a Chinese restaurant and a Thai restaurant near here.

> **あなたは普段どのレストランに行きますか。**

> I go to the Chinese restaurant.
> Let's go together.

② 友人とスポーツをしたいと思っています。

> I want to exercise with you.
> **あなたはどのスポーツをしますか。**

> I play football and volleyball.
> And, I lift weights.

回答例

① Jesse この近くには中華レストランとタイレストランがあります。
　 You Which restaurant do you usually go to?
　 Jesse 中華レストランに行きます。一緒に行きましょう。

② You あなたと運動がしたいです。Which sports do you play?
　 Kohei フットボールとバレーボールをします。それと、重量挙げをします。

 「スポーツをする」は play sports だよ。

「〜は何時ですか」と時間を尋ねる
表現です。

Zac

\ キーフレーズ /

What time is 〜?

[英|会|話|の|コ|ツ]
日常生活では時間を尋ねることがよくあります。相手の予定を知りたいと
きや、慣れない場所で何かの時間がわからないときは、気軽に尋ねてみま
しょう。海外では知らない人と話すのに抵抗がない人も多いです。

▶ キーフレーズを使って会話してみよう

友人に授業の始まる時間を尋ねます。

リスニング 🎧027　ロールプレイ 🎧028

See you later, Aya.
I have Japanese class this afternoon.

See you later, Zac.
What time is your class?

The class starts at 3 o'clock.

Oh, that's soon.
Please go ahead. Enjoy your class!

訳　Zac　では後ほど、アヤ。今日の午後、日本語の授業があるんです。

You　また後で、ザック。**あなたの授業は何時ですか。**

Zac　授業は 3 時から始まります。

You　ああ、もうすぐですね。行ってください。授業を楽しんでくださいね！

語彙チェック ―――――
□ see you later では後ほど　□ afternoon 午後　□ start at 〜から始まる
□ go ahead 先へ進む 難　□ enjoy 楽しむ

▶ 学習のポイント

What time is ~? で物事が行われる時間を尋ねます。What time is the next bus? なら次のバスの時間、What time is dinner? なら夕食の時間といった具合です。What time is it? であれば、現在の時間を尋ねることができます。

▶ 実際に使ってみよう

What time is ~? を使って会話してみましょう。

❶ 駅で電車を待っていますが、なかなか来ません。

Excuse me, **次の電車は何時ですか。**

 It will arrive at this station in 20 minutes.

❷ ショーの時間が知りたいです。

I have a question. **そのショーは何時ですか。**

 It starts at 1 p.m. and goes for two hours.

回答例

❶ You　すみません、what time is the next train?

Marion　後 20 分でこの駅に到着しますよ。

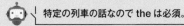 特定の列車の話なので the は必須。

❷ You　質問があります。What time is the show?

Mia　午後 1 時に始まって、2 時間あります。

045

（右側縦書き）Chapter 1 入門編　Chapter 2 日常編 ❶　Chapter 3 日常編 ❷　Chapter 4 トラベル編

Lesson 15 電車 Train

「どうして〜なのですか」と理由を尋ねる表現です。

Mia

\ キーフレーズ /

Why is 〜?

[
英|会|話|の|コ|ツ
理由を考えてもわからないことは事情を知っていそうな人に聞いてみましょう。わからないまま困るよりも、誰かに思い切って聞いてみるほうが良い場合もあります。
]

▶ キーフレーズを使って会話してみよう

電車が遅れている理由を人に尋ねます。

リスニング 🎧029　ロールプレイ 🎧030

 The train is late today.
That's too bad.

 Excuse me.
Why is the train late?

 I don't know.

 Oh, okay.
I will check it on my phone.

訳　Mia　電車は今日遅れていますね。残念です。

　　You　すみません。**どうして電車が遅れているんですか。**

　　Mia　わかりません。

　　You　ああ、わかりました。電話で調べてみます。

語彙チェック —————————————————————
□ late 遅れた　□ That's too bad. それは残念だ　□ I don't know 〜を知らない
□ reason 理由 関

046

キーフレーズ
習得数

0　　　　　　　　　20　　　　　　40　　　　　　60　　　　　　80　　　　　100

▶ 学習のポイント

Why is ~? は、いろいろな場面で出来事や状況など、あらゆることの理由を尋ねる表現です。Why is the train late? のように、後ろには名詞 (the train) ＋形容詞 (late) が続きます。後ろに続く名詞が複数の場合には、Why are ~? となることに注意しましょう。

▶ 実際に使ってみよう

Why is ~? を使って会話してみましょう。

❶ 店内で子供が泣いています。

That child is crying.
彼はどうして悲しいんですか。

He is lost. I will help him find his parents.

❷ 店が閉まっている理由を尋ねます。

May I ask you something?
どうしてそのお店は閉まっているんですか。

Today is a holiday.
So, the store isn't open.

回答例

❶　You　あの子供は泣いています。Why is he sad?

Christina　彼は迷子なんです。両親を見つける手伝いをしようと思います。

❷　You　ちょっと聞いてもいいですか。Why is the store closed?

Guido　今日は休日です。なので、お店は開いていません。

 「閉店している」は The store is closed. だよ。The store is closing. は今まさに目の前で店を閉めている状況。

Chapter 1 入門編　Chapter 2 日常編❶　Chapter 3 日常編❷　Chapter 4 トラベル編

お酒
Drinks

「〜しませんか」と相手を誘うとき
の表現です。

Adam

\ キーフレーズ /
Do you want to 〜?

英|会|話|の|コ|ツ
相手との仲を縮めるためには、人からの誘いを待っているだけではなく、
自分からも誘ってみましょう。誘いの表現は多くありますが、まずは基本的
なものを一つ身につけておきましょう。

▶ キーフレーズを使って会話してみよう
夏の暑い日に友人を飲みに誘います。

リスニング 🎧031　ロールプレイ 🎧032

I'm so thirsty.
How about you?

I'm thirsty, too.
Do you want to go for a drink?

Okay, that sounds good.
I want to drink beer.

Me too.
There is a good bar near here.

訳　Adam　すごく喉が渇きました。あなたはどうですか。
　　You　私も喉が渇きました。**飲みに行きませんか。**
　　Adam　うん、良さそうですね。ビールが飲みたいです。
　　You　私もです。ここの近くに良いバーがあるんです。

語彙チェック
□ thirsty 喉が渇いた　□ go for a drink 飲みに行く　□ sound good 良さそう
□ near 近くに

▶ 学習のポイント

Do you want to ~? は直訳すると「~したいですか」ですが、ニュアンスとしては「~しませんか」と相手を誘う表現です。Yes や No で始まる明確な返答を期待するときに使います。直接的な表現なので、親しい間柄の人にのみ使うのが無難でしょう。

▶ 実際に使ってみよう

Do you want to ~? を使って会話してみましょう。

❶ 友人に誘いの電話をかけます。

Hello, Adam. **今日ゲームをしませんか。**

 Okay. I'll go to your house now.

❷ 友人を劇場に誘います。

There's a play at the theater soon.
私とそれを見ませんか。

 Yes, I'll go with you.
It's a famous play, so I want to go.

回答例

❶　You　もしもし、アダム。Do you want to play games today?
　　Adam　はい。今あなたの家に向かいますね。

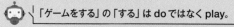 「ゲームをする」の「する」は do ではなく play。

❷　You　もうすぐ劇場で劇があるんです。Do you want to watch it with me?
　　Melanie　はい、一緒に行きます。有名な劇なので、行きたいです。

「〜してくれませんか」と頼み事を
するときの表現です。

Kohei

\ キーフレーズ /

Can you 〜?

英|会|話|の|コ|ツ
英語で相手にお願いごとをするときは、要求内容はある程度はっきりと伝えることが大切です。前置きが長すぎて話が回りくどいと「何をしてほしいの?」と聞かれてしまいます。まずは依頼事項を言って、事情説明はその後で OK。

▶ キーフレーズを使って会話してみよう

親切な人が荷物を運ぶのを手伝ってくれます。

リスニング 🎧033　ロールプレイ 🎧034

 You have many shopping bags.
Do you need help?

Well, **can you carry this, please?**

 Sure. Oh, it's very heavy.

Thank you so much.
That's kind of you.

訳　Kohei　多くの買い物袋を持っていますね。手伝いましょうか。

　　You　ええと、**これを運んでくれませんか。**

　　Kohei　もちろんです。ああ、すごく重いですね。

　　You　本当にありがとうございます。どうもご親切に。

語彙チェック
□ shopping bag 買い物袋　□ carry 運ぶ 🔊　□ heavy 重い
□ That's kind of you. どうもご親切に 🔊

050

フレーズ習得

ーフレーズ
習得数

0　　　　　20　　　　40　　　　60　　　　80　　　　100

apter 1 入門編

Chapter 2 日常編 ❶

Chapter 3 日常編 ❷

Chapter 4 トラベル編

▶ 学習のポイント

Can you ~? は「あなたは~できますか」という「可能」の意味が一番ピンときますが、そこから「~していただけますか」という「依頼」の意味にも使えます。前者の意味で使われることもあるので、毎回文脈から判断しましょう。Could you ~? と言うと、より丁寧な言い方になります。

 文末に please を付けるとより丁寧な表現になるよ。

▶ 実際に使ってみよう

Can you ~? を使って会話してみましょう。

❶ 会議室の窓を開けてほしいと頼みます。

> Excuse me, **その窓を開けてくれませんか。**
> It's hot in here.

 I agree with you.
I'll open a few windows.

❷ 買い物袋で手がふさがっているため、電気を点けることができません。

> I'm holding too many bags.
> **電気を点けてくれませんか。**

 Sure. Please wait a moment.

回答例

❶　You　すみません、can you open the window? ここは暑いです。
　　Debra　同感です。窓をいくつか開けますね。

❷　You　あまりにも多くの袋を持っています。Can you turn on the light?
　　Zac　もちろんです。ちょっと待ってくださいね。

 「電気をつける」は turn the light on でも OK。

051

「〜してくれてありがとう」と相手に感謝するときの表現です。

Olivia

\ キーフレーズ /

Thanks for 〜

┌─ 英 会 話 の コ ツ ─────────────────────────
感謝の気持ちをきちんと言葉で表すことはコミュニケーションにおいて大切です。ただ Thank you. と言うだけでなく、何について感謝しているのか具体的に話すことで、相手にもあなたの気持ちがより明確に伝わります。
└──────────────────────────────────────

▶ キーフレーズを使って会話してみよう

ランチに誘ってくれたことを友人に感謝します。

リスニング 🎧035　ロールプレイ 🎧036

 Do you like this restaurant, Aya?

Yes, I do.
Thanks for inviting me.

 My pleasure.
Can you pass me the salt, please?

Of course.
Here you are.

訳　　Olivia　このレストランが好きですか、アヤ。
　　　You　　はい、好きです。**私を誘ってくれてありがとうございます。**
　　　Olivia　どういたしまして。塩を私に渡してくれませんか。
　　　You　　もちろんです。どうぞ。

語彙チェック ──────────────────────────────────
□ invite 誘う 🏆　□ My pleasure. どういたしまして　□ pass 手渡す　□ salt 塩

Chapter 1 入門編

Chapter 2 日常編 ❶

Chapter 3 日常編 ❷

Chapter 4 トラベル編

▶ 学習のポイント

Thanks for ~ は、for の後ろに相手がしてくれた行為を動詞の ing 形で入れて、その行為への感謝を表します。よく inviting や helping などの動詞とともに使われます。Thanks for your help.（手伝ってくれてありがとうございます）のように for の後ろは名詞でも OK です。

 もう少し丁寧に言いたいなら Thank you for ~。

▶ 実際に使ってみよう

Thanks for ~ を使って会話してみましょう。

❶ 街で会った人との会話を楽しみました。

 That was a wonderful conversation.
I had a good time.

私に話しかけてくれてありがとうございました。
Have a nice day!

❷ 友人に家の掃除を手伝ってもらいました。

私を助けてくれてありがとうございました。
My house is very clean now.

 It's okay, Aya.
I like cleaning.

回答例

❶ Melanie　素敵な会話でした。良い時間が過ごせました。

　　You　Thanks for talking to me. 良い一日を！

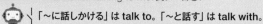 「~に話しかける」は talk to。「~と話す」は talk with。

❷ 　　You　Thanks for helping me. 私の家は今とてもきれいです。

　　Olivia　どういたしまして、アヤ。掃除は好きなんですよ。

 help の後ろは名詞か動詞の ing 形。前置詞はいらないよ。

ビーチ
The Beach

「~すぎて…できません」と不可能なことについて話す表現です。

Mia

\ キーフレーズ /

too ~ to ...

┌─ 英|会|話|の|コ|ツ ─
相手の誘いを断ったり、相手の期待と異なる内容を伝えたりするのは言語に関わらず難しいもの。コツはきちんと理由を伝えることです。相手にちゃんと状況を理解してもらうことが大切なのです。
└

▶ キーフレーズを使って会話してみよう

肌寒い日に友人に海に行こうと誘われます。

リスニング 🎧037　ロールプレイ 🎧038

 Aya, do you want to go to the beach with me?

What?
It's too cold to go swimming.

 That's too bad.
I wanted to go with you.

Sorry.
We can go together next week.

訳　Mia　アヤ、私と一緒にビーチに行きませんか?
　　You　何ですって。**寒すぎて泳ぎには行けませんよ。**
　　Mia　残念です。あなたと行きたかったんですよ。
　　You　すみません。来週一緒に行けますよ。

語彙チェック ──────────
□ go swimming 泳ぎに行く　□ go together 一緒に行く

▶ 学習のポイント

too ~ to ... は、相手の誘いや申し出を断るときに使える表現です。最初の too の後ろには形容詞が入ります。そして、to の後ろには「できないこと」が動詞の原形で入ります。文中に not などはありませんが、否定的な意味になることに注意しましょう。

▶ 実際に使ってみよう

too ~ to ... を使って会話してみましょう。

❶ レストランで相手より先にあなたの食事が来ました。

You can eat now. Your food will get cold.

Thank you.
But, **このスープは熱すぎて飲めません。**

❷ 友人にバスケットボールをしないかと誘われます。

Aya, do you want to play basketball
with me this afternoon? It'll be fun.

Sorry, **私は今日疲れすぎていて
バスケットボールができません。**

回答例

❶　Debra　もう食べていいですよ。食事が冷めてしまいますよ。

　　You　ありがとうございます。でも、this soup is too hot to eat.

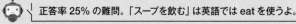

　　　正答率 25% の難問。「スープを飲む」は英語では eat を使うよ。

❷　John　アヤ、今日の午後、私とバスケットボールをしませんか。楽しいですよ。

　　You　すみません、I'm too tired to play basketball today.

　　　to の後ろは動詞。名詞を入れちゃダメ。

Good job! Chapter 1 が終了したね。これまでのキーフレーズが巻末
(p. 224 ~) で一覧できるよ。どれくらい英語で言えるかな？

スピークバディ式 学習法におけるバディ

スピークバディ式学習法は、バディ（＝キャラクター）と会話をしながら学んでいくことが最大の特徴。スピークバディの Speak は「話す」、Buddy は「相棒・仲間」です。スピークバディはあなたの相棒となって、英語学習をサポートしていきます。

1 リアルな会話体験

バディとの会話型学習では、自分の役が固定されています。そのため、各シチュエーションで相手とどのような関係で、自分はなぜ会話しているのかを明確にイメージできます。思いきり役になりきって会話をしてみましょう。

2 ストレスの少ない練習

バディとの会話型学習は、対人レッスンに比べて圧倒的にストレスが少ない状態で学習できるので、効果が高まります。学術的にも、学習者の過度の緊張や不安感は言語習得の妨げとなるとされています。間違うのは当たり前、恥ずかしがらずにバディと練習してみましょう。

3 多様なバディと学ぶ楽しさ

スピークバディでは、シチュエーションやストーリーに合わせて、色々な年代、職業、国や人種、性格のバディと会話ができます。バディとの関係性も、親しい友人から、街で出会った人、会社の同僚、取引先の人など様々です。英語が話せるようになった自分をイメージして、様々なバディと楽しみながら会話をしてみましょう。

スピーキング力向上は、決して短い道のりではありませんが、スピークバディなら飽きずにずっと続けられます。スピークバディ式学習法でぜひ英語を話す自分を実現してください。

Chapter 2

日常編 ❶
新たな出会い

あなたは、アメリカ・ロサンゼルスで
人生初の海外生活を始めます。
Sushi Go! という寿司チェーン店の
アメリカ1号店の店長として仕事をしつつ、
趣味の料理を通じて、新しい仲間と出会います。

Kohei　　Zac　　Steven

Ashley　　Vanessa

このチャプターでは、あなたの名前は Ken Suzuki です。

幼なじみとの再会
Reunion With a Childhood Friend

「〜して嬉しいです」と喜びを伝える表現です。

Kohei

\ キーフレーズ /
be happy to ～

▶ キーフレーズを使って会話してみよう

久しぶりに幼なじみのコウヘイと会います。

リスニング 🎧039　ロールプレイ 🎧040

Ken, over here!
Wow, you haven't changed at all.

Kohei, there you are!
It's been a long time.

Yes, it has.
Thanks for coming.

No problem.
I'm happy to see you.

Me, too, Ken.
Come on, let's sit down and catch up.

訳　Kohei　ケン、こっちだよ！ わあ、全然変わってないね。
　　You　コウヘイ、いたいた！ 久しぶりだね。
　　Kohei　ああ、そうだね。来てくれてありがとう。
　　You　いいんだよ。**君に会えて嬉しいよ。**
　　Kohei　僕もだよ、ケン。さあ、座って、近況を報告し合おう。

語彙チェック
□ It's been a long time. 久しぶりです　□ catch up 最新情報について会って話す 🐱

▶ 学習のポイント

be happy to ～ は、友人に対して使えるカジュアルな表現です。自分の嬉しい気持ちを伝えたり、「喜んで～します」と助けを申し出たりするときにも使います。

▶ 実際に使ってみよう

be happy to ～ を使って会話してみましょう。

❶ コウヘイにランチを食べようと誘われます。

Hello Ken. How are you?
Do you want to have lunch with me tomorrow?

Hi Kohei, I'm fine.
君とランチをするのは嬉しいよ。

❷ 見知らぬ人に荷物を見ていてほしいと頼まれます。

Excuse me.
This is sudden, but could you watch my stuff?

Oh, sure. **手伝えて嬉しいです。**

回答例

❶　Kohei　こんにちは、ケン。調子はどう？明日一緒にランチをしない？
　　You　やあ、コウヘイ、元気だよ。I'm happy to have lunch with you.

❷　John　すみません。突然ですが、私の荷物を見ていてもらえませんか。
　　You　ああ、もちろんです。I'm happy to help.

 to の後ろは help か help you。後者を使うときに help と you の間に for や with はいらないよ。

久しぶり
Long Time No See

「どうやって〜しましたか」とそれまでの
状況を尋ねる表現です。

\ キーフレーズ /

How have you 〜?

Kohei

▶ キーフレーズを使って会話してみよう

幼なじみのコウヘイと久しぶりに話します。

リスニング 🎧041　　ロールプレイ 🎧042

So, you came to America when you were 10?

That's right!
I can't believe it's been that long.

Yeah.
And now, here I am, in Los Angeles, too.

It's crazy, right?
But, I bet you're going to like it here.

How have you been?
Do you like living here?

I couldn't be better.
I love living in L.A.

訳

You　ところで、君はアメリカに 10 歳のときに来たの?

Kohei　そのとおりだよ! そんなにずいぶん前だとは信じられないなあ。

You　そうだね。それで、今は僕もここ、ロサンゼルスにいる。

Kohei　すごいよね。でも、きっとここを好きになるよ。

You　**元気だった?** ここで暮らすのは好き?

Kohei　最高だよ。ロサンゼルスで暮らすのが大好きなんだ。

語彙チェック

□ I can't believe 〜 〜とは信じられない　□ crazy すごい 難　□ I bet 〜 きっと〜 難
□ couldn't be better 最高だ 難　□ love doing 〜することが大好き

21 フレーズ習得

キーフレーズ
習得数
0　　　　　　　　20　　　　　　40　　　　　60　　　　　80　　　　100

▶ 学習のポイント

How have you ~? は、現在完了形を使って、相手のこれまでの状況や活動を尋ねる表現です。今の調子を尋ねる How are you? とは意味が異なるので、使い分けに注意しましょう。

▶ 実際に使ってみよう

How have you ~? を使って会話してみましょう。

❶ コウヘイと英語について話します。

My English is still getting better.
Even though I'm not a student anymore.

Really? どうやって英語を勉強したの？

❷ コウヘイがどうやってお金を貯めたのか尋ねます。

I just bought this car last year.
So, it's still new.

That's amazing.
どうやってそんなにたくさんのお金を貯めたの？

A lot of my clients are celebrities.
And I don't go out or spend money often.

回答例

❶　Kohei　僕の英語はまだ良くなっているよ。もう学生ではないけれどね。

　　You　本当に？ How have you studied English?

❷　Kohei　去年この車を買ったばかりなんだ。だから、まだ新しいよ。

　　You　素晴らしいね。How have you saved so much money?

　　Kohei　お客さんの多くは有名人なんだ。それに、僕はあまり外出したり、お金を使ったりしないんだ。

 正答率 14% の難問。so much を言えない人が多いんだ。

Lesson 22 新しい友人
Meet a New Friend

Kohei　Zac

「きっと〜ですね」と確信していることを話すときの表現です。

\ キーフレーズ /

must be 〜

▶ キーフレーズを使って会話してみよう

幼なじみのコウヘイが友人のザックを紹介してくれました。

リスニング 🎧043　ロールプレイ 🎧044

I invited a friend.
There he is. His name is Zac.

Hey Kohei.
And, you're Ken, right?

Yes, that's right.
You must be Kohei's friend.

Yup. I'm Zac.
Kohei has told me a lot about you.

Is that right?
Great to meet you, Zac.

Nice to meet you, too, Ken.

訳　Kohei　友達を誘ったんだ。ああ、彼が来たよ。彼の名前はザックだよ。

　　Zac　やあ、コウヘイ。そして、あなたがケンですね。

　　You　はい、そうです。**あなたはコウヘイの友達ですよね。**

　　Zac　うん。僕はザックです。コウヘイから君のことはたくさん聞いているよ。

　　You　そうなんですか。はじめまして、ザック。

　　Zac　こちらこそはじめまして、ケン。

語彙チェック

□ 〜, right? 〜だよね　□ yup うん　□ Great to meet you. はじめまして

▶ 学習のポイント

must be ~ は、「〜に違いない」や「きっと〜だ」と確信のある事柄を話す表現。最初に習う must は「〜しなければならない」という義務の意味ですが、実はこのフレーズの意味合いも会話で多く使われます。後ろには名詞か形容詞が続きます。

▶ 実際に使ってみよう

must be ~ を使って会話してみましょう。

❶ ザックが自分で調理したチキンを持ってきてくれました。

Ken, do you want a piece of this chicken?
I made it myself.

Sure. Oh, **君は良い料理人に違いないね。**
This is really delicious.

❷ コウヘイが面白い靴を履いて現れました。

Kohei, your shoes are so bright.

Yeah. I want yellow shoes like that.
それらは新しいに違いないね。

You're right. I like them a lot.

回答例

❶　Zac ケン、このチキンを一つどう？僕が作ったんだ。
　　You もちろん。わあ、you must be a good cook. これは本当においしい。

 「料理がうまい人」は good cook。cooker は「調理器具」。rice cooker なら「炊飯器」だよ。

❷　Zac コウヘイ、君の靴はとても鮮やかだね。
　　You そうだね。そんな黄色の靴が僕も欲しいよ。They must be new.
　　Kohei そうだよ。とても気に入ってるんだ。

出身は？
My Hometown

「〜で生まれました」と出生地について
話すための表現です。

Zac

\ キーフレーズ /

be born in 〜

▶ キーフレーズを使って会話してみよう

新しい友人のザックに出身地について聞かれます。

リスニング 🎧045　ロールプレイ 🎧046

 You met Kohei in Japan, right?

Yeah.
We went to the same elementary school.

 I see.
Then, are you from Tokyo?

Yes, I am.
But, **I was born in Yokohama.**

 Where is that?
Is it close to Tokyo?

Yes, it's next to it.
My family moved to Tokyo when I was five.

訳　Zac　日本でコウヘイに出会ったんですよね。

　　You　そうです。私たちは同じ小学校に通っていたんです。

　　Zac　なるほど。ということは、東京出身ですか。

　　You　はい、そうなんです。でも、私は横浜で生まれました。

　　Zac　それはどこですか。東京に近いですか。

　　You　はい、隣ですよ。私が5歳のときに、家族が東京に引っ越したんです。

語彙チェック ―――――――――――――――――――――――――――――

□ **elementary school** 小学校　□ **close to** 〜に近い 🤔　□ **next to** 〜の隣に
□ **move to** 〜に引っ越す

キーフレーズ
習得数

23 フレーズ習得

0　　　　　　20　　　　　　40　　　　　　60　　　　　　80　　　　　100

▶ 学習のポイント

be born in 〜 は、出生地を伝える表現。前置詞の in の後ろに国名や都市名がきます。生まれたのは過去なので be 動詞は過去形の was/were を使います。

▶ 実際に使ってみよう

be born in 〜 を使って会話してみましょう。

❶ ザックから両親の出身を尋ねられます。

Ken, you said you live in Tokyo.
Are your parents from there?

Well, my father is.
But, **母は京都で生まれたんだ。**

Oh, I see. That's really cool.

❷ 待合室で雑誌を読んでいると、隣に座っている人に話しかけられます。

That model is very pretty.
Is she American?

No, **彼女はドイツ生まれです。**
And she lives in Italy.

回答例

❶　Zac ケン、君は東京に住んでいると言っていたね。君の両親はそこの出身なの？

　　You ええと、父親はそうだよ。でも、my mother was born in Kyoto.

　　Zac ああ、そうなんだね。とても素敵だね。

❷　Olivia そのモデルはとてもかわいいですね。彼女はアメリカ人ですか。

　　You いいえ、she was born in Germany. そして、イタリアに住んでいます。

どうやって知り合った？
How did you meet?

「どうやって〜しましたか」と尋ねる表現です。

Zac

\ キーフレーズ /

How did you 〜?

▶ キーフレーズを使って会話してみよう

新しい友人のザックにコウヘイとの出会いについて尋ねます。

リスニング 🎧047　ロールプレイ 🎧048

By the way, **how did you meet Kohei?**

 We went to the same university.
We were roommates there.

Oh, I see.
It's fun to live with a good friend.

 Yeah. It was great.
I think it made our friendship stronger.

It seems so. You two are really close.

 Well, Ken, someday we will be great friends, too.

訳
You　ところで、**コウヘイとはどうやって出会ったの？**
Zac　同じ大学に通っていたんだ。そこでルームメイトだったんだよ。
You　へえ、なるほど。仲の良い友達と一緒に住むのは楽しいよね。
Zac　うん。とても良かった。それが僕たちの友情をより強くしたんだと思うよ。
You　そのようだね。君たち2人は本当に仲がいいよね。
Zac　ええと、ケン、いつか僕たちも素晴らしい友達になるよ。

語彙チェック
□ by the way ところで　□ be fun to 〜するのは楽しい
□ make 〜 stronger 〜をより強くする　□ friendship 友情　□ close 親しい 🔈
□ someday いつか

キーフレーズ
習得数

24フレーズ習得

0　　　　　　　　20　　　　　　　40　　　　　　60　　　　　　80　　　　　100

▶ 学習のポイント

How did you ~? は、直訳すると「あなたはどうやって～をしたのか」。相手が過去のある状況に至った経緯を、尋ねる表現です。

> How do you ~?と現在形にしてしまうと、何かの「やり方」を聞く表現になってしまうんだ。

▶ 実際に使ってみよう

How did you ~? を使って会話してみましょう。

❶ ザックにどうやって仕事を見つけたのかを尋ねます。

> **Zac, どうやって君の仕事をここで見つけたの？**

> I searched on the internet and visited some surf shops.

❷ ザックがなぜか昨日、夜中まで働いていたことを知っています。

> Ken, you were working until midnight yesterday, right?

> Yes, I was. **どうやってそれを知ったの？**

> I drove past your restaurant on my way home late last night.

回答例

❶　You　ザック、how did you find your job here?
　　　Zac　インターネットで調べて、いくつかのサーフショップを訪ねたんだ。

❷　Zac　ケン、昨日夜中まで働いていたでしょう？
　　　You　うん、そうなんだ。How did you know that?
　　　Zac　昨夜遅くに車で家に帰る途中、君のレストランを通り過ぎたんだ。

連絡先の交換
Exchange Contact Info

「これが〜です」と相手に物を渡す
ときの表現です。

Zac

\ キーフレーズ /

Here's 〜

▶ キーフレーズを使って会話してみよう

新しい友人のザックと連絡先を交換します。

リスニング 🎧049　ロールプレイ 🎧050

Today was awesome.

 Yeah. It was great meeting you, Ken.

You, too. Let's meet again soon.

Definitely. I'm looking forward to it.

Here's my number.
Can I have yours, too?

Sure. Here it is.
You can also add me on social media.

Okay. Add me, too. It's easier than emailing.

訳　You　今日は最高だったよ。
　　Zac　そうだね。君に会えて良かったよ、ケン。
　　You　君にもだよ。また近いうちに会おう。
　　Zac　絶対にね。楽しみにしているよ。
　　You　**これが私の番号です。君の番号も教えてくれない?**
　　Zac　もちろん。どうぞ。ソーシャルメディアでも僕を追加したら良いよ。
　　You　わかった。私も追加してください。そのほうがメールより簡単だし。

語彙チェック
□ awesome とても良い　□ It was great meeting you. 会えて良かった
□ soon 近いうちに　□ definitely 絶対に 🔊　□ look forward to 〜を楽しみにする 🔊
□ add 加える　□ email メールする

▶ 学習のポイント

Here's ~ は「ここに~があります」ですが、相手に物や情報を渡すときに相手の関心を引くための表現としてもよく使われます。自分や相手の物を渡すときには、後ろに my ~ や your ~ が続きます。

▶ 実際に使ってみよう

Here's ~ を使って会話してみましょう。

❶ お店でお酒を買う際に、レジで身分証明書の提示を求められます。

Excuse me. Could I see some ID, please?

Sure. **これが私のパスポートです。** Will this be okay?

Yes, your passport will be fine. Thank you.

❷ ホテルの受付でメールアドレスを尋ねられます。

May I have your email address?

Sure. **これが私の名刺です。** It's on here.

Thank you. I will send you an email later.

回答例

❶ Erica すみません。身分証明書を見せてくれませんか。

You はい。Here's my passport. これでいいですか。

Erica はい、パスポートで問題ありません。ありがとうございました。

> 複数の中から my passport を示しているのではないので、This is ~ よりも Here's ~ が自然。

❷ Hannah あなたのメールアドレスを教えていただけませんか。

You はい。Here's my business card. ここにあります。

Hannah ありがとうございます。後でメールを送りますね。

週末の誘い
Weekend Plan

「〜と出かける」と話すための表現です。

Zac

\ キーフレーズ /

hang out with 〜

▶ キーフレーズを使って会話してみよう

ザックに電話して週末会う約束をします。

リスニング 🎧051　ロールプレイ 🎧052

Hello Zac. It's Ken.
We met at the cafe the other day.

Of course, I remember.
What's up, Ken?

Are you free this weekend?

Yes, I'm free.

Great.
Do you want to hang out with me?

Sure. Sounds like fun.

訳
You こんにちは、ザック。ケンだよ。先日カフェで会ったんだけど。
Zac もちろん、覚えてるよ。どうしたの、ケン？
You 今週末は暇かな？
Zac うん、暇だよ。
You 良かった。**僕と出かけない？**
Zac もちろん。楽しそうだね。

語彙チェック
□ the other day 先日　□ What's up? どうしたのか
□ sound like 〜 〜のように聞こえる

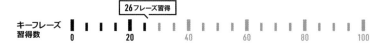
▶ 学習のポイント

hang out with ~ は「~とブラブラして時を過ごす、~とつるむ」くらいの意味。英語では大人が友人と出かけることを play with ~（~と遊ぶ）とは言いません。

> カジュアルな表現なので、使う相手には要注意。

▶ 実際に使ってみよう

hang out with ~ を使って会話してみましょう。

❶ ザックが暇そうにしているので、遊びに誘います。

I don't have any plans tonight, even though it's a Saturday. That's so boring.

それなら、君と出かけて、夕食を食べたいな。

❷ ザックにコウヘイもクラブに誘うべきだと伝えます。

I don't think Kohei has anything to do tonight.

私たちと出かけるように誘ってみよう。
We can go to the club together.

We can try. But, I'm not sure he likes dancing.

回答例

❶　Zac　土曜日だけど、今夜何も予定がないんだ。すごく暇だなあ。
　　You　Then, I want to hang out with you and have dinner.

❷　Zac　コウヘイは今夜何もすることがないと思うよ。
　　You　Let's invite him to hang out with us. 一緒にクラブに行けるよ。
　　Zac　そうしてみても良いね。でも、彼が踊るのが好きかわからないよ。

> 正答率 22%。「~することに人を誘う」は invite ＋人＋ to ~。to を忘れないで。

映画へのお誘い
Invite a Friend to the Movies

「〜したいです」と自分の意向を
伝える表現です。

\ キーフレーズ /
I want to 〜

Zac

▶ キーフレーズを使って会話してみよう
ザックと映画に行くことにします。

リスニング 🎧053　ロールプレイ 🎧054

Let's go downtown, Zac!

That sounds like an excellent idea.
There's a theater there.

That's perfect.
I want to watch the new Star Fight movie.

Sounds good.
That is a really popular movie series.

I'm excited to watch it, Zac.
What time is the movie?

It starts at 11. I'm excited, too, Ken.

訳
You　ザック、繁華街に行こうよ！
Zac　それは素晴らしい考えだね。あそこには劇場があるよ。
You　完璧だね。**僕は新しいスターファイトの映画が見たいんだ。**
Zac　いいね。それはとても人気のあるシリーズ映画だよね。
You　映画を見るのが楽しみだよ、ザック。映画は何時かな？
Zac　11時に始まる。僕も楽しみだよ、ケン。

語彙チェック ─────────────────────────
□ go downtown 繁華街に行く　□ excellent 素晴らしい　□ theater 劇場
□ perfect 完璧な　□ be excited to 〜にワクワクする

▶ 学習のポイント

I want to ~ は、自分のやりたいことを伝える表現です。英会話では日本的なつつましさが逆効果になることもあります。自分の希望は明確に表現しましょう。

▶ 実際に使ってみよう

I want to ~ を使って会話してみましょう。

❶ コウヘイからサーフィンに誘われますが、今日は出かける気分ではありません。

Good morning, Ken. Zac and I are going to go surfing now. Can you come?

Kohei, it's too early. **今日は家にいたいんだ。**

❷ これからやりたいと思っていることについてザックと話します。

So, Ken, you said it's your first time in L.A. Is there anything you want to do now?

Yes, there is. **ロサンゼルスについてもっと学びたいんだ。** And, study English.

回答例

❶　Kohei　おはよう、ケン。ザックと僕は今サーフィンに行くところなんだ。君も来られる？

　　You　コウヘイ、朝早すぎるよ。I want to stay home today.

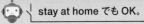
stay at home でも OK。

❷　Zac　ところで、ケン、ロサンゼルスは初めてと言っていたね。今したいことは何かある？

　　You　うん、あるよ。I want to learn more about L.A. それと、英語学習。

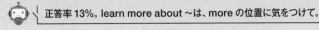
正答率 13%。learn more about ~は、more の位置に気をつけて。

Lesson 28
何時に待ち合わせ？
Deciding a Meeting Time

「いつ～すべきですか」と尋ねる表現です。

Zac

＼キーフレーズ／
When should we ～?

キーフレーズを使って会話してみよう

ザックと待ち合わせ時間を決めます。

リスニング 055　ロールプレイ 056

Zac: Just so you know, we should meet early on Sunday.

You: Okay. But, why is that? Is it crowded?

Zac: Yes, it's always crowded. There may be a long line.

You: Got it. **When should we meet?**

Zac: The movie starts at 11. So, let's meet at 10.

You: Sure. I'll see you in front of the movie theater at 10!

訳
Zac 念のために知らせておくと、日曜日の早い時間に待ち合わせしたほうがいいよ。
You いいよ。でも、どうしてなの？ 混んでいるの？
Zac うん、いつも混雑しているんだ。多分長い行列ができているよ。
You 了解。**いつ会うべきかな？**
Zac 映画は 11 時に始まるから、10 時に待ち合わせようよ。
You いいよ。映画館の前で 10 時に会おう！

語彙チェック

□ **Just so you know** 念のために知らせておくと 難　□ **crowded** 混んだ 難　□ **line** 列
□ **Got it.** 了解 難　□ **in front of** ～の前に　□ **movie theater** 映画館

▶ 学習のポイント

When should we ~? は、~に meet を入れれば相手との打ち合わせ時間などを決められます。冒頭の When を Where に替えれば、待ち合わせ場所を相談することができます。

▶ 実際に使ってみよう

When should we ~? を使って会話してみましょう。

❶ コウヘイがロサンゼルスのツアーに連れて行ってくれます。

Let's go on an L.A. tour tomorrow.
You can see all the famous spots.

Okay. Thanks. **いつ出発すべきかな？**

❷ ザックの髪に葉っぱが付いていることにコウヘイと気づきます。

Look, Ken. Zac has a leaf in his hair.
That's pretty funny.

You're right.
いつ彼にそのことを伝えるべきかな？

We can tell him about it later.
Maybe he'll notice it himself.

回答例

❶　Kohei　明日ロサンゼルスのツアーに行こうよ。有名なスポットを全部見れるよ。

　　You　良いね。ありがとう。When should we leave?

 「出発する」は、今いる場所を離れるという意味だから、go ではなくて leave を使うと良いよ。

❷　Kohei　見て、ケン。ザックの髪に葉っぱが付いているよ。すごく面白いね。

　　You　そうだね。When should we tell him about that?

　　Kohei　後で伝えると良いよ。自分で気づくかもしれないしね。

 正答率 23%。When should we tell ~ って、スラスラと言える？

待ち合わせ
Meet Up With a Friend

「～のことを聞いたことがありますか」
と尋ねる表現です。

\ キーフレーズ /

Have you heard of ～?

Zac

▶ キーフレーズを使って会話してみよう

ザックと待ち合わせ場所で会います。

リスニング 🎧057　ロールプレイ 🎧058

Ken! You're here so early.
Were you waiting long?

No, not at all. It's a long bus ride.
So, I left home early.

Where do you live right now?

I live in Silver Lake.
Have you heard of it?

Yeah, my friend lives there.
It's much closer if you have a car.

That's true.
But, I don't have an American driver's license.

訳

Zac　ケン！ 君はとても早く来たんだね。しばらく待っていたの？

You　ううん、全然。バスに長時間乗るから、家を早く出たんだ。

Zac　今はどこに住んでいるの？

You　シルバーレイクに住んでいるんだ。**聞いたことある？**

Zac　うん、友達がそこに住んでいるよ。車を持っていたら、もっと近いね。

You　確かにね。でも、アメリカの運転免許は持っていないんだ。

語彙チェック

□ **not at all** 全く～でない　□ **long bus ride** 長時間バスに乗ること
□ **leave home** 家を出る　□ **right now** 今のところ　□ **driver's license** 運転免許

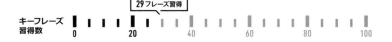

▶ 学習のポイント

Have you heard of ~? は人の名前など、特定の物事を聞いたことがあるか尋ねる表現です。ニュアンスとしては「～を知っている?」と尋ねるときに使います。類似表現の Have you heard about ~? は、ある物事について内容を詳しく聞いたことがあるか尋ねる表現です。

▶ 実際に使ってみよう

Have you heard of ~? を使って会話してみましょう。

❶ ザックと有名な俳優について話します。

> There's a popular actor called Chris Humsworth.
> **彼のことを聞いたことがある?**

> Yes, I have. He stars in many action movies.

❷ コウヘイとタヒチの観光地について話します。

> **ボラボラ島のことを聞いたことがある?**

> Yes, I have. It's a beautiful island in Tahiti.
> I wanna go there someday.

回答例

❶　You　クリス・ハムズワースという有名な俳優がいるよ。Have you heard of him?

　　　Zac　うん、あるよ。多くのアクション映画で主役を演じているね。

❷　You　Have you heard of Bora Bora Island?

　　　Kohei　うん、あるよ。タヒチにあるきれいな島だよね。いつかそこに行きたいよ。

Chapter 1 入門編　Chapter 2 日常編❶　Chapter 3 日常編❷　Chapter 4 トラベル編

映画の感想
How was the movie?

「〜するつもりです」と自分の予定を話す表現です。

Zac

キーフレーズ

I'm gonna 〜

▶ キーフレーズを使って会話してみよう

ザックと一緒に見た映画について話します。

リスニング 059　ロールプレイ 060

That was amazing.
What did you think of the movie, Ken?

To tell you the truth, I didn't understand it so well.
I always watch English movies with Japanese
subtitles.

That makes sense. So, I guess the actors
in the movie spoke too quickly.

Yeah. **I'm gonna have to watch it again later.**

Well, hopefully you will understand
it better with subtitles.

訳　Zac　素晴らしかったなあ。映画をどう思った？ ケン。

You　本当のことを言うと、あまりよく理解できなかったんだ。英語の映画はいつも日本語字幕で見ているんだ。

Zac　なるほど。じゃあ、映画の中の俳優たちは早く話しすぎていたんだろうね。

You　うん。**後でもう一度それを見ないといけないだろうな。**

Zac　まあ、字幕があってもっとよく理解できると良いね。

語彙チェック ―――――――――――――――――――――――――――
□ amazing 素晴らしい　□ What do you think of 〜? 〜をどう思うか
□ to tell you the truth 本当のことを言うと　□ subtitle 字幕　□ I guess 〜 〜だろう 難
□ later 後で　□ hopefully 〜だと良い 難

キーフレーズ
習得数

30フレーズ習得

0　　　20　　　40　　　60　　　80　　　100

▶ 学習のポイント

I'm gonna ～ は、I'm going to ～ の短縮形です。スラングともいえるカジュアルな表現ですから、フォーマルな場や書き言葉では使用を控えましょう。

▶ 実際に使ってみよう

I'm gonna ～ を使って会話してみましょう。

❶ ザックとレストランで食事中に、ナプキンを落としてしまいました。

 Oh, Ken. You dropped your napkin.

Yeah. **今すぐ別のナプキンを頼むつもりだよ。**

 Okay. Let's call the waiter over.

❷ コウヘイに借りていたタオルを返してほしいとザックに頼まれます。

 Ken, are you going to see Kohei soon?
I want you to give him back his towel for me.

Yes, I am. Actually, **彼に明日会うつもりなんだ。**

回答例

❶　Zac　ああ、ケン。ナプキンを落としたよ。

　　You　そうなんだ。I'm gonna ask for another napkin right now.

　　Zac　わかった。ウェイターを呼ぼう。

　正答率13%。「～を求める」は ask for。for が抜けると「～を尋ねる」になっちゃうよ。

❷　Zac　ケン、コウヘイに近いうちに会う予定はある？ 僕の代わりに彼のタオルを返してもらいたいんだ。

　　You　うん、あるよ。実は、I'm gonna see him tomorrow.

何を食べたい？
Deciding on a Restaurant

「どの〜が…で人気がありますか」
と尋ねる表現です。

\ キーフレーズ /
Which 〜
is popular in ...?

Zac

▶ キーフレーズを使って会話してみよう

ザックとランチに何を食べるか話します。

リスニング 🎧061　ロールプレイ 🎧062

So, what should we do next?
Are you hungry, Ken?

Yes, I am. I'm starving. Let's go eat something.

What is your favorite kind of food, Ken?

I like Japanese food. And I miss it.
But, I want to eat Western food today.

Western food, huh? Like what?

Let's see...
Which restaurant is popular in this area?

Let's go to America Burgers.
They're famous in California.

訳　　Zac　じゃあ、次はどうする？お腹は空いている？ケン。
　　　You　うん、そうなんだ。すごくお腹が空いてる。何か食べに行こうよ。
　　　Zac　好きな食べ物は何なの？ケン。
　　　You　日本食が好きだよ。だから恋しいんだ。でも、今日は洋食が食べたいな。
　　　Zac　洋食なの？例えば？
　　　You　ええと…。**この辺りで人気のあるレストランはどれなの？**
　　　Zac　アメリカ・バーガーに行こうよ。カリフォルニアでは有名なんだ。

語彙チェック
□ starving とてもお腹が空いて 難　□ Western food 洋食　□ Like what? 例えば何？

Chapter 1 入門編　Chapter 2 日常編 ❶　Chapter 3 日常編 ❷　Chapter 4 トラベル編

▶ 学習のポイント

Which 〜 is popular in ...? は、特定の場所で人気のある物を尋ねる表現です。〜に物、... に場所が入ります。このフレーズで、旅先などでのオススメをアドバイスしてもらいましょう。

▶ 実際に使ってみよう

Which 〜 is popular in ...? を使って会話してみましょう。

❶ 今ロサンゼルスで人気のある俳優を、ザックに尋ねます。

I am interested in the new drama on TV because there are some famous actors in it.

Sorry. I don't know many actors.
どの俳優が今、ロサンゼルスで人気があるの？

❷ アメリカで今人気のある日本の食べ物を、コウヘイに尋ねます。

Actually, there is a lot of Japanese food in L.A.

Really?
最近は、どの日本食がアメリカで人気があるの？

Recently, people have started to eat *tempura*.

回答例

❶　Zac　有名な俳優が出ているから、その新しいテレビドラマに興味があるんだ。

　　You　ごめん。俳優をあまり知らないんだ。Which actor is popular in L.A. now?

❷　Kohei　実は、ロサンゼルスには多くの日本食があるよ。

　　You　本当に？ Which Japanese food is popular in America these days?

　　Kohei　最近は人々は天ぷらを食べるようになったよ。

Lesson 32 注文する
Ordering Lunch

「～をください」と飲食店で注文するときの表現です。

\ キーフレーズ /
I'll have ～, please.

Steven

▶ キーフレーズを使って会話してみよう
レストランでランチを注文します。

リスニング 🎧063　ロールプレイ 🎧064

 Welcome to America Burgers.
Can I take your order?

Yes. One cheeseburger meal, please.

 Certainly. What do you want to drink?

I'll have an iced tea, please.

 Sure. Anything else?

No, that's all for now. Thank you.

訳

Steven　アメリカ・バーガーへようこそ。ご注文はお決まりですか。

You　はい。チーズバーガーセットを一つ下さい。

Steven　かしこまりました。飲み物は何にしますか。

You　**アイスティーをください。**

Steven　もちろんです。他に何かありますか。

You　ありません、今のところ以上です。ありがとうございます。

語彙チェック

□ **Can I take your order?** ご注文はお決まりですか　□ **～ meal** ～セット 🈁

□ **Certainly.** 承知しました 🈁　□ **iced tea** アイスティー

□ **Anything else?** 他に何かありますか　□ **That's all for now.** 今のところは以上です

▶ 学習のポイント

I'll have ～, please. は飲食店での注文に便利なフレーズ。この will ('ll) は「～するつもり」という、その場でなされた話者の決意を表すので、この表現には不可欠です。

> 注文数を伝えるときは、a/an、two、three など、欲しい数を示す単語を入れよう。

▶ 実際に使ってみよう

I'll have ～, please. を使って会話してみましょう。

❶ レストランで、ランチセットに付いてくるサイドメニューと飲み物を頼みます。

The lunch set comes with a drink and a side dish. What would you like?

ソーダとフレンチフライをください。

❷ コウヘイはコーヒーを買いに行くところです。ついでに何か買って来てほしいか聞かれます。

Ken, I'm going to go buy some more coffee. Do you want anything?

Yes, thank you.
ミルク入りのコーヒーをお願いするよ。

回答例

❶　Steven　ランチセットには飲み物とサイドメニューが付きます。何にされますか。
　　You　I'll have a soda and french fries, please.

❷　Kohei　ケン、コーヒーをもう少し買いに行こうと思うんだ。何か欲しい物はある?
　　You　うん、ありがとう。I'll have a coffee with milk, please.

嫌いな物
Things I Don't Like

「〜があまり好きではありません」と苦手な物を伝える表現です。

\ キーフレーズ /

I don't like ～ very much.

Zac

▶ キーフレーズを使って会話してみよう

ザックに自分の苦手な食べ物について話します。

リスニング 🎧065　ロールプレイ 🎧066

 Over here, Ken. What did you get?

I got the cheeseburger meal.
Thanks for getting a table, Zac.

 Oh, you didn't get the Funky style french fries.

No, I didn't.
I don't like pickles very much.

 You're missing out.
Are you sure that you don't want to try them?

I'm sure.
I will never eat pickles.

訳　Zac　こっちだよ、ケン。何を買ったの？
　　You　チーズバーガーセットにしたよ。テーブルを取ってくれてありがとう、ザック。
　　Zac　おや、君はファンキースタイルのフライドポテトを頼まなかったんだね。
　　You　うん、頼まなかったんだよ。**僕はピクルスがあまり好きじゃないんだ。**
　　Zac　君は損しているよ。本当に食べてみたいと思わないの？
　　You　思わないよ。ピクルスは絶対に食べないよ。

語彙チェック
□ get a table テーブルを取る　□ french fries フライドポテト
□ You're missing out. 君は損をしているよ 難
□ Are you sure that 〜? 〜は確かなのか 難

▶ 学習のポイント

I don't like ~ very much. は、文末に very much を付けることで「あまり~を好きではない」という意味になり、表現がソフトになります。全く好きではないときには very much を at all に替えます。

▶ 実際に使ってみよう

I don't like ~ very much. を使って会話してみましょう。

❶ ザックと映画の好みについて話します。

So, Ken, what kind of movies
do you usually watch?

I watch everything.
But, 私はホラー映画があまり好きではないんだ。

Oh, I see.
I don't really like horror movies either.

❷ ザックと音楽の好みについて話します。

What kind of music do you like?
I love rock music.

Oh, well, 私はそのような種類の音楽があまり
好きではないんだ。I listen to pop music.

回答例

❶　Zac　ところで、ケン、普段どんな映画を見るの？

　　You　何でも見るよ。けど、I don't like horror movies very much.

　　Zac　ああ、なるほど。僕もホラー映画はあまり好きじゃないよ。

❷　Zac　どんな音楽が好きなの？ 僕はロック音楽が好きなんだ。

　　You　ああ、ええと、I don't like that kind of music very much. ポップ音楽を聞くよ。

生まれ故郷
Hometown

「～について教えてください」と説明を求める表現です。

Zac

\ キーフレーズ /
Can you tell me about ～?

▶ キーフレーズを使って会話してみよう

ザックに出身地について尋ねます。

リスニング 🎧067　ロールプレイ 🎧068

 You should try some foods from my hometown, too.

I'd love to. But, where is your hometown?

 I'm from Kansas.
It's a pretty small state.

Sorry, I haven't heard of it.
Can you tell me about it?

 Okay. It's a small, rural state in the mid-western part of America.

Interesting.
I'd like to visit Kansas sometime.

訳　Zac　僕の故郷の食べ物も食べてみるべきだよ。
　　You　ぜひ食べてみたいな。でも、君の故郷はどこなの？
　　Zac　僕はカンザスの出身なんだ。とても小さな州だよ。
　　You　ごめん、聞いたことがないよ。**それについて教えてくれる？**
　　Zac　うん。アメリカの中西部にある小さな田舎の州なんだ。
　　You　興味深いね。いつかカンザスに行ってみたいな。

語彙チェック
□ state 州　□ rural 田舎の 🔴　□ mid-western 中西部の　□ I'd like to ～したい 🔴
□ sometime いつか

▶ 学習のポイント

Can you tell me about 〜? は、ある程度はわかっているが、相手にもっと詳しく教えてほしいときに使います。

情報を提供する場合の「教える」は tell。teach は「知識や技能を教える」。

▶ 実際に使ってみよう

Can you tell me about 〜? を使って会話してみましょう。

❶ 公園で開催されているお祭りについて地元の人に尋ねます。

このお祭りについて教えてくれませんか。

It's called the fall festival.
You can eat lots of fall foods here.

❷ コウヘイに大学での英語の授業について尋ねます。

大学での君の英語の授業について教えてくれない?

Sure. I had to read many long novels.
It was a difficult class.

回答例

❶　You Can you tell me about this festival?

　　Erica 秋のお祭りと呼ばれています。ここではたくさんの秋の食べ物が食べられます。

❷　You Can you tell me about your English class in college?

　　Kohei もちろんだよ。たくさんの長編小説を読まないといけなかったんだ。難しい授業だったよ。

Lesson 35 共通の趣味
Same Hobby

> 「趣味は〜です」と伝えるための表現です。

Zac

\ キーフレーズ /
My hobby is 〜

▶ キーフレーズを使って会話してみよう

ザックと趣味について話します。

リスニング 🎧069　ロールプレイ 🎧070

So, Ken. On the weekends,
I spend time cooking or going surfing.

Oh, I didn't know that!
Surfing is a cool hobby.

Thanks. Actually, I work at a surf shop.
What do you do for fun, Ken?

Well, **my hobby is cooking, too.**
And reading at home.

Oh, really?
Cooking is a very practical hobby, isn't it?

That's true. It's also creative and relaxing.

訳

Zac　ところでケン、僕は週末には料理か、サーフィンに時間を費やしているんだ。

You　ああ、それは知らなかったよ！ サーフィンはかっこいい趣味だね。

Zac　ありがとう。実はサーフィンの店で働いているんだ。君の楽しみは何なの？ ケン。

You　ええと、**僕の趣味も料理なんだ。**それと家で読書することだよ。

Zac　おや、本当に？ 料理はとても実用的な趣味だよね。

You　確かにそうだね。それに創造的だし、リラックスできるんだ。

語彙チェック
□ spend time doing 〜するのに時間を費やす 難　□ go surfing サーフィンに行く
□ for fun 楽しみのために　□ practical 実用的な 難　□ creative 創造的な
□ relaxing くつろがせる

▶ 学習のポイント

My hobby is ~ は、自分の趣味を紹介する表現です。趣味が複数なら My hobbies are ~ です。Lesson 9 で扱った like ~ing を使って、I like cooking in my free time.（自由時間には料理をするのが好きだ）と言うこともできます。

▶ 実際に使ってみよう

My hobby is ~ を使って会話してみましょう。

❶ なぜいつも家にこもっているのかザックが尋ねます。

Ken, why do you always stay at home?
You should go out more.

I'll pass.
You know, **私の趣味はテレビを見ることなんだ。**

Oh, I see. I guess you can't
do that outside.

❷ 最近疲れて仕方がないとコウヘイに話します。

Lately, I've been so tired.
I just wanna stay home all day.

Me, too.
These days, **私の趣味は昼寝をすることなんだ。**

回答例

❶　Zac　ケン、どうしていつも家にいるの？もっと外に出るべきだよ。
　　You　私はやめておくよ。あのね、my hobby is watching TV.
　　Zac　ああ、なるほど。それは外ではできないよね。

❷　Kohei　最近、とても疲れているんだ。ただ一日中家にいたいよ。
　　You　私もだよ。最近、my hobby is taking a nap.

「昼寝をすること」は having a nap や napping でも OK。

「〜はどんな感じですか」と様子を
尋ねる表現です。

Zac

\ キーフレーズ /
What is ～ like?

▶ キーフレーズを使って会話してみよう

ザックに料理教室に誘われます。

リスニング 🎧071　ロールプレイ 🎧072

 These days, I go to a cooking class every week.

Really? **What is the class like?**

 Every week we cook a dish
from a different culture.

That's exactly what I'm interested in doing!

 Then, come to the next class.
We always welcome new students.

訳

Zac 最近、毎週料理教室に行っているんだ。

You 本当に？ **そのクラスはどんな感じなの？**

Zac 毎週異なる文化の料理を作るんだ。

You それはまさに僕が興味のあることだよ！

Zac それなら次のクラスにおいでよ。いつでも新しい生徒を歓迎しているよ。

語彙チェック
□ these days 最近　□ dish 料理 🈔　□ exactly ちょうど 🈔
□ be interested in 〜に興味がある　□ welcome 歓迎する

| 36 フレーズ習得 |

キーフレーズ
習得数
0   20   40   60   80   100

▶学習のポイント

What is ~ like? は、日本語の「どんな感じ?」に当たる表現で、ある物事の印象を相手に尋ねるときに使います。

日本語の「どんな」に引きずられて How を使わないようにね。

▶実際に使ってみよう

What is ~ like? を使って会話してみましょう。

❶ ザックの家族について尋ねます。

So, Zac, 君の家族はどんな感じなの?

Well, my mother is really kind.
But, my father is a little strict.

❷ ザックに出身地のカンザスについて尋ねます。

Kansas is a pretty cool place,
but I like living in L.A. better.

Really? 君の故郷はどんな感じなの?

My hometown is a really small town.
So, everyone knows each other.

回答例

❶ You ところで、ザック、what is your family like?

　　Zac ええと、母は本当に優しいんだ。でも、父は少し厳しいよ。

❷ Zac カンザスはすごく素敵な場所だけど、ロサンゼルスで生活するほうが好き
　　　だよ。

　　You 本当に? What is your hometown like?

　　Zac 僕の故郷は本当に小さな町なんだ。だから、全員がお互いのことを知って
　　　いるよ。

いつ来たの？
When did you come?

「〜前です」とどのくらい過去のことかを伝える表現です。

\ キーフレーズ /
It was 〜 ago.

Zac

▶ キーフレーズを使って会話してみよう

ロサンゼルスに来てまだ間もないことをザックに伝えます。

リスニング 🎧073　ロールプレイ 🎧074

When did you come to L.A., Ken?

I came here in August.
So, **it was about three weeks ago.**

Seriously?
You have only been here for a short time.

Yeah.
So, speaking English is still difficult for me.

Well, if you have any problems,
you can always rely on me.

Thank you.
I'll let you know if I have any trouble.

訳　Zac　ロサンゼルスにはいつ来たの？ ケン。

You　8月にここに来たんだ。だから**3週間くらい前だよ。**

Zac　本当に？ ここにはまだちょっとしかいないんだね。

You　そうなんだ。だから、英語を話すのはまだ難しいんだ。

Zac　ええと、何か問題があったら、いつでも僕を頼ってね。

You　ありがとう。何か困ったことがあったら知らせるよ。

語彙チェック

□ Seriously? 本当に？ 🌀　□ for a short time 少しの間　□ rely on 〜に頼る 🌀
□ have trouble 問題がある

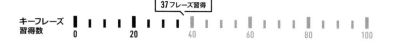

キーフレーズ
習得数

37フレーズ習得

0　　　　　　20　　　　　40　　　　　60　　　　　80　　　　　100

▶ 学習のポイント

It was ~ ago. は、話題に上っている出来事がいつ起きたのかを伝える表現です。~ には 5 days、20 years など、具体的な時間表現や、a long time のように昔の出来事であることを表す表現が入ります。

▶ 実際に使ってみよう

It was ~ ago. を使って会話してみましょう。

❶ ザックとサッカーのワールドカップについて話します。

The World Cup started recently, right?
When was the first game?

数日前だったよ。 I went to Kohei's house to watch it.

❷ コウヘイと子供の頃の思い出について話します。

Do you remember that time we went to that pool near your parents' house?

Yeah, I do.
20 年前くらいだよ。

Right. That day was really fun.

回答例

❶　Zac　ワールドカップが最近始まったんだよね？ 最初の試合はいつだったっけ？
　　You　It was a few days ago. それを見るためにコウヘイの家に行ったんだ。

❷　Kohei　君の両親の家の近くのプールに行ったときのことを覚えている？
　　You　うん、覚えているよ。It was about 20 years ago.
　　Kohei　そうそう。あの日は本当に楽しかったなあ。

Lesson 38 渡米理由
Why did you come?

「～だからです」と理由を伝えるときの表現です。

Zac

\ キーフレーズ /

It's because ～

▶ キーフレーズを使って会話してみよう

ザックに渡米理由について話します。

リスニング ∩ 075　ロールプレイ ∩ 076

I just have to ask.
Why did you come to L.A.?

It's because my company opened a new restaurant here.

I see. What kind of restaurant is it?

It's a *sushi* restaurant.
It opened one month ago.
I work as a manager there.

That's great.
Japanese food is popular in L.A. these days.

訳　Zac　どうしても聞きたいんだけど、どうしてロサンゼルスに来たの？
　　You　**僕の会社が新しいレストランをここで開いたからなんだ。**
　　Zac　なるほど。どんなレストランなの？
　　You　寿司レストランだよ。1か月前に開店したんだ。そこで店長として働いているよ。
　　Zac　それはいいね。日本食は最近ロサンゼルスで人気があるんだ。

語彙チェック
□ I just have to ask. どうしても聞きたい 熟　□ open 開業する
□ What kind of ～? どんな～か　□ work as ～として働く 熟

094

▶ 学習のポイント

It's because ～ は、直前に話していた事柄の理由を述べる表現で、～には主語から始まる文が続きます。It's because of ＋名詞と応用すれば「～のせいだ」という意味になります。

▶ 実際に使ってみよう

It's because ～ を使って会話してみましょう。

❶ 大量に買ったアメリカのお菓子について話します。

> Ken, why do you have so much black licorice?
> I don't like that candy at all.

> **ザックがそれがおいしいと言ったからだよ。**
> So, I bought a lot.

❷ コウヘイのことがよくわかる理由をザックに尋ねられます。

> You always know what Kohei is thinking.
> How do you do that?

> **私は彼のことを長い間知っているからだよ。**

> Oh, I see. Maybe I'll get to know
> him that well someday, too.

回答例

❶　Kohei ケン、どうしてそんなに多くのブラックリコリスを持っているの？ 僕はその飴が全く好きじゃないよ。

　　You It's because Zac said that it's delicious. だから、たくさん買ったんだ。

❷　Zac 君はいつもコウヘイの考えていることを理解しているね。どうやってわかるの？

　　You It's because I've known him for a long time.

　　Zac ああ、なるほど。僕もいつか彼についてそれくらいよく知るかもしれないな。

滞在期間
How long will you stay?

「〜の間滞在します」と滞在期間を伝える表現です。

Zac

\ キーフレーズ /

I will stay for 〜

▶ キーフレーズを使って会話してみよう

アメリカでどのくらい暮らすつもりかザックと話します。

リスニング 🎧077　ロールプレイ 🎧078

 So, Ken, how long will you be in L.A.?

I'm not totally sure.
But, **I will stay for at least a year.**

 That's a long time.
Do you think you will get homesick?

I don't know.
I haven't lived away from my hometown before.

 Really? Never?
Then, this is a huge first for you.

Yes, I know. It's a new experience for me.

訳　Zac　ところでケン、ロサンゼルスにはどのくらいいるつもりなの？

You　はっきりとはわからないけど、**少なくとも1年は滞在するよ。**

Zac　それは長いね。ホームシックになると思う？

You　わからないな。今までに故郷を離れて暮らしたことがないんだ。

Zac　本当に？ 一度も？ それなら、君にとっては大きな第一歩だね。

You　うん、そうなんだ。僕にとって初めての経験だよ。

語彙チェック
□ **at least** 少なくとも 難　□ **Do you think 〜?** 〜と思うか
□ **get homesick** ホームシックになる　□ **haven't 〜 before** まだ〜したことがない
□ **away from** 〜から離れて　□ **never** 以前に〜したことがない
□ **a huge first** 大きな第一歩 難　□ **experience** 経験

39 フレーズ習得

キーフレーズ
習得数

0　　　　　　20　　　　　　40　　　　　　60　　　　　　80　　　　　100

▶ 学習のポイント

I will stay for ~ の for は「~のため」ではなく「~の間」。ある場所での滞在期間を伝えます。後ろには具体的な時間や日数が入りますが、for a while（しばらく）などの表現も OK。

▶ 実際に使ってみよう

I will stay for ~ を使って会話してみましょう。

❶ 図書館で本を読んでいると、ザックから電話がかかって来ました。

Hey Ken. Kohei told me you're at the library now. How long will you be there?

Hi Zac. Yes, I am.
しばらくいるよ。

❷ 混雑したフードコートで席を探している人に話しかけられます。

Excuse me, are you leaving?
There aren't any free tables left.

Well, **もう数分います。**
But, you can sit here after that.

回答例

❶ Zac やあ、ケン。君が今図書館にいるとコウヘイから聞いたよ。どれくらいそこにいる予定なの？

　　You やあ、ザック。うん、そうだよ。I will stay for a while.

❷ Hannah すみません、もう席を立たれますか？ 空いているテーブルがないんです。

　　You ええと、I will stay for a few more minutes. でも、その後はここに座って構いませんよ。

正答率18%。「もう数分」を for minutes（何分も）や for a minute（1 分間）と言わないようにね。

Chapter 1 入門編　Chapter 2 日常編 ❶　Chapter 3 日常編 ❷　Chapter 4 トラベル編

友人の大切さ
The Importance of Friends

「～しようとしています」と試みていることを伝える表現です。

Zac

＼キーフレーズ／

be trying to ～

▶ キーフレーズを使って会話してみよう

ザックと友人について話します。

リスニング🎧079　ロールプレイ🎧080

 Honestly, you're very brave to come to L.A. alone.

Thank you.
But I wasn't really alone since Kohei was here.

 You're right.
It must be comforting to have friends nearby.

Yeah, he helps me a lot.
But, **I'm trying to make new friends.**

 Have you made any new friends yet?

No, not yet.

 Then, my cooking class is perfect for you.

訳　Zac 一人でロサンゼルスに来るなんて、本当に君はとても勇気があるよ。

　　You ありがとう。でも、コウヘイがいたから、実際には一人じゃなかったよ。

　　Zac そのとおりだね。近くに友達がいるのは励みになるに違いないね。

　　You うん、彼にはとても世話になってる。でも、**僕は新しい友達を作ろうとしてるんだ。**

　　Zac もう誰か新しい友達はできた？

　　You いや、まだできていないんだ。

　　Zac それなら僕の料理教室は、君にピッタリだよ。

語彙チェック
□ honestly 本当に　□ brave 勇敢な　□ since ～ ～だから 難
□ comforting 励みになる 難　□ make a friend 友人を作る

▶ 学習のポイント

be trying to ～ は、努力して成し遂げようとしていることを伝える表現です。try to は「～しようと試みる」、try ～ing は「試しに～してみる」なので違いに注意しましょう。

▶ 実際に使ってみよう

be trying to ～ を使って会話してみましょう。

❶ 新しい寿司のアイデアを考えていると、コウヘイが訪ねて来ました。

Hi, Ken.
What are these papers all over the floor?

Hi Kohei.
新しい寿司のアイデアを考え出そうとしているんだ。

❷ ザックの友人の誕生日パーティーに間に合いそうにありません。

Ken, where is Zac?
We're already late for his friend's party.

Oh, he's over there.
彼はちょうど今、友人に電話をかけようとしてるんだ。

Okay. Let's wait for him.

回答例

❶　Kohei　やあ、ケン。床中に散らばっているこの紙は何？

　　You　やあ、コウヘイ。I'm trying to think of new *sushi* ideas.

 正答率18%の難問。「新しいアイデアを考え出す」は think of new
ideas と言うよ。

❷　Kohei　ケン、ザックはどこ？ もうすでに彼の友人のパーティーに遅れているよ。

　　You　ああ、あそこにいるよ。He's trying to call his friend right now.

　　Kohei　わかった。彼を待とう。

待ちきれない
Excited for Class

「〜したくてたまりません」と楽しみなことを伝える表現です。

Zac

\ キーフレーズ /

I can't wait to 〜

▶ キーフレーズを使って会話してみよう

ザックに料理教室に通う理由を尋ねます。

リスニング 🎧081　ロールプレイ 🎧082

> Now I'm curious.
> Why are you taking a cooking class, Zac?

> Because I live alone, I need to know how to cook.

> I can relate.
> Eating out every day is too expensive.

> Are you a good cook, Ken?

> I'm okay.
> But, **I can't wait to learn new recipes here.**

> I feel you.
> That's exactly why I'm taking this class.

訳

You　気になるなあ。なぜ君は料理教室に通っているの？　ザック。

Zac　一人暮らしだから、料理の仕方を習う必要があるんだ。

You　わかるよ。毎日外食するのは高すぎるよね。

Zac　君は料理は上手なの？　ケン。

You　まあまあだけど、**ここで新しいレシピを学びたくてたまらないよ。**

Zac　その気持ちがわかるよ。僕もちょうどその理由でこの教室に通っているんだ。

語彙チェック ─────────────

□ curious 気になる 難　□ take a class 授業を受ける　□ live alone 一人暮らしをする
□ I can relate. 共感できる 難　□ eat out 外食をする　□ good cook 料理上手な人
□ I feel you. あなたの気持ちがわかる

▶ 学習のポイント

I can't wait to ～ は、直訳すると「～するのを待てない」で、楽しみにしている気持ちを伝える表現です。to の後ろには動詞の原形が入ります。

▶ 実際に使ってみよう

I can't wait to ～ を使って会話してみましょう。

❶ ザックが料理教室の先生の話をしてくれます。

Our cooking teacher is a famous chef.
She has a restaurant in a hotel.

> That's great.
> **彼女に会いたくてたまらないよ。**

❷ コウヘイとある遊園地について話します。

I'm sure you've heard of Mouse Land.
It's a big tourist attraction in California.

> I have!
> **その場所を訪れたくてたまらないよ。**

We should go together.
I have a year pass.

回答例

❶　Zac　僕たちの料理の先生は有名なシェフなんだ。ホテルの中にレストランを
　　　　持っているんだよ。

　　You　それはすごいね。I can't wait to meet her.

❷　Kohei　マウスランドのことを聞いたことがあるよね。カリフォルニアの大きな観
　　　　光名所なんだ。

　　You　聞いたことがあるよ! I can't wait to visit that place.

　　Kohei　僕たちは一緒に行くべきだよ。僕は1年間のバスを持っているんだ。

Chapter 1 入門編　Chapter 2 日常編 ❶　Chapter 3 日常編 ❷　Chapter 4 トラベル編

料理教室初日
The First Cooking Class

「〜のために来たのですか」と相手がそこに
いる理由を尋ねる表現です。

\ キーフレーズ /

Are you here for 〜?

Ashley

▶ キーフレーズを使って会話してみよう

料理教室でアシュリーと初めて会います。

リスニング 🎧083　ロールプレイ 🎧084

Excuse me.
Are you here for the cooking class, too?

 You bet. Are you taking the class, too?

Yes. My name is Ken.
Nice to meet you.

 I'm Ashley. The pleasure is all mine.
Sorry, I'm not good with names.
What is your name again?

Don't worry about it.
I'm Ken. K-E-N, Ken.

訳　　

You　すみません。**あなたも料理教室のためにここへ来たんですか。**

Ashley　そのとおりです。あなたもクラスを受講しているんですか。

You　そうです。私の名前はケンです。はじめまして。

Ashley　私はアシュリーです。こちらこそはじめまして。ごめんなさい、名前を覚えるの
が苦手で。もう一度名前を教えてもらえますか。

You　大丈夫ですよ。ケンです。K-E-N でケンです。

語彙チェック
□ **You bet.** そのとおりだ 🎓　□ **The pleasure is mine.** こちらこそ 🎓
□ **be good with** 〜が得意だ
□ **What is your name again?** もう一度名前を教えてもらえますか

▶ 学習のポイント

Are you here for ~? は、相手がその場にいる目的を確認する表現です。自分も参加するイベントで、相手も同じ目的でその場にいるのかを尋ねるときによく使います。

▶ 実際に使ってみよう

Are you here for ~? を使って会話してみましょう。

❶ ザックの誕生日パーティーに来た友人に出会います。

> **あなたはザックの誕生日パーティーのために来たんですか。**
> Everyone else should be here soon.

> Yes, I am. That's great.
> Thank you for letting me know.

❷ 勤務先の寿司レストランで接客をしています。

> Hello. I'd like a table for two, please.

> Of course, please follow me. **私たちのグランドオープニングのイベントのために来られたんですか。**

> Yes. I heard about it on the radio yesterday.

回答例

❶ You Are you here for Zac's birthday party? 他のみんなもすぐここに来るはずですよ。

Ashley はい、そうです。良かったです。教えてくれてありがとうございます。

❷ Melanie こんにちは。2人のテーブルをお願いします。

You もちろんです、私の後について来てください。Are you here for our grand opening event?

Melanie はい。昨日ラジオで耳にしたんです。

どのくらい来ているの？
Do you come here often?

\ キーフレーズ /

Do you 〜 often?

Ashley

▶ キーフレーズを使って会話してみよう

料理教室でアシュリーと話します。

リスニング 🎧085　ロールプレイ 🎧086

Our cooking class is meant for beginners.
Do you cook a lot?

No, I don't. But, I want to.
Do you come to this class often?

Yeah.
I have been coming here once a week for a year.

One year is a long time.
Then, you must be a skilled cook.

Not really.
I'm getting better every day by taking the class.

訳　Ashley　私たちの料理教室は初心者向けなんです。あなたはよく料理するんですか。

　　You　いいえ、しません。でも、したいと思っているんです。**この教室へはよく来ているんですか。**

　　Ashley　ええ。ここには週1回、1年来ています。

　　You　1年は長いですね。それなら、きっとあなたは熟練した料理人なんですね。

　　Ashley　そんなことはありません。クラスを受講することで、日に日に上達してはいますけど。

語彙チェック
□ be meant for 〜に向いている 熟　□ beginner 初心者　□ once a week 週1回
□ skilled 熟練した 形　□ get better every day 日に日に良くなる

▶ 学習のポイント

Do you ~ often? は、ある行為を相手がしばしば (often) 行っているのかどうかを尋ねる表現。~には play、eat、come など、日常的な行動を表す動詞が入ります。

▶ 実際に使ってみよう

Do you ~ often? を使って会話してみましょう。

❶ コウヘイと家でビデオゲームをしています。彼はかなりの凄腕です。

We won! I knew we could do it!
Thanks for backing me up, Ken.

君はよくゲームをするの？
You are almost a professional gamer.

I don't play that much.
But, I guess I'm pretty good.

❷ ザックがお気に入りのダーツバーに連れて来てくれました。

君はこのバーによく来るの？
There's no one here.

Believe me, Ken.
This darts bar is great. I'm sure you'll enjoy it.

回答例

❶　Kohei　僕たち勝ったよ！ 勝てるって確信してた！ 援護してくれてありがとう、ケン。

　　You　Do you play games often? ほとんどプロのゲーマーだね。

　　Kohei　そんなにしないよ。だけど、僕はかなり上手いと思うよ。

❷　You　Do you come to this bar often? 誰もここにいないよ。

　　Zac　信じて、ケン。このダーツバーは素晴らしいんだ。きっと楽しめるよ。

友人はフランス人
A Friend from France

「〜したことがありません」と経験について話す表現です。

\ キーフレーズ /

I've never 〜

Ashley

▶ キーフレーズを使って会話してみよう

アシュリーの母国フランスについて話します。

リスニング 🎧087　ロールプレイ 🎧088

So, Ashley, are you from L.A.?

No, I'm not. Actually, I'm from France.

I've never been to France.
I heard it's beautiful.

I certainly think so.
I hope you can visit someday.

It's on my bucket list.
So, when did you come to L.A.?

Not too long ago.
I moved to L.A. a few years ago for university.

訳　　You　ところでアシュリー、あなたはロサンゼルス出身なんですか。

Ashley　いいえ、違います。実は、フランスから来ました。

　　You　**フランスへは行ったことがないです。**美しい所だと聞きました。

Ashley　間違いなくそうですよ。いつか訪れることができるといいですね。

　　You　私の死ぬまでにやることのリストにあるんです。ところで、いつロサンゼルスに
　　　　来たんですか。

Ashley　そんなに前じゃありません。数年前に、大学へ行くためにロサンゼルスに引っ越
　　　　したんです。

語彙チェック

□ **certainly** 確かに　□ **bucket list** 死ぬ前にやっておきたいこと 🈔
□ **Not too long ago** そんなに前ではない　□ **a few years** 数年

キーフレーズ
習得数

44 フレーズ習得

0 ... 20 ... 40 ... 60 ... 80 ... 100

▶ 学習のポイント

I've never 〜 は、これまでに一度も経験したことのないことについて述べる表現です。形は現在完了形ですから、〜には done、been、had などの過去分詞が入ります。

▶ 実際に使ってみよう

I've never 〜 を使って会話してみましょう。

❶ アシュリーとペットについて話します。

 I have a cat at home right now.

That sounds nice.
私はこれまでペットを一度も飼ったことがないよ。

 Really? I love my cat so much.

❷ ザックと水族館について話します。

There are huge sharks in the aquarium.
Have you seen them before?

No.
サメを一度も見たことがないんだ。

 Let's go tomorrow!
You can see beautiful tropical fish, too.

回答例

❶　Ashley　今は家に猫がいるのよ。

　　You　良いね。I've never had a pet before.

　　Ashley　本当に? 私はうちの猫がすごく好きよ。

❷　Zac　あの水族館には巨大なサメがいるよ。見たことある?

　　You　ないよ。I've never seen sharks before.

　　Zac　明日行ってみよう! きれいな熱帯魚も見られるよ。

アシュリーの仕事
Ashley's Job

「何をしていますか」と相手の役割について尋ねる表現です。

\ キーフレーズ /

What do you do 〜?

Ashley

▶ キーフレーズを使って会話してみよう

アシュリーの仕事内容を尋ねます。

リスニング 🎧089　ロールプレイ 🎧090

Are you working in L.A., Ashley?

Yes. I got a job as soon as I graduated.

That's really impressive.
Where do you work?

I work at a small bakery just
outside of Hollywood.

That sounds like a fun job.
What do you do there?

I'm a pastry chef. So, I bake sweets
like cookies, cupcakes, and donuts.

訳　　You　ロサンゼルスで働いているんですか、アシュリー。
　　Ashley　ええ。卒業してすぐに就職しました。
　　　You　それはとても素晴らしいですね。どこで働いているんですか。
　　Ashley　ハリウッドのすぐ外にある小さなパン屋で働いています。
　　　You　それは楽しそうな仕事ですね。**そこで何をしているんですか。**
　　Ashley　私はパティシエなんです。だから、クッキー、カップケーキやドーナッツのような
　　　　　お菓子を作っています。

語彙チェック
□ get a job 仕事に就く　□ as soon as 〜 〜するとすぐに　□ impressive 素晴らしい
□ work at 〜で働いている 難　□ bakery パン屋
□ just outside of 〜のすぐ外側にある 難　□ pastry chef パティシエ　□ bake 焼く

45フレーズ習得

キーフレーズ
習得数

0　　　　　　20　　　　　40　　　　60　　　　80　　　　100

▶ 学習のポイント

What do you do ~? の~に there や at ＋場所などを続ければ、相手がそこでしている仕事内容を尋ねられます。as a doctor など職業を~に入れれば「~として何をしている?」という疑問文になります。

▶ 実際に使ってみよう

What do you do ~? を使って会話してみましょう。

❶ コウヘイにジムでどんな仕事をしているか尋ねます。

My job is actually a lot of fun.
And, it's great for my own health, too.

君はジムで毎日何をしているの?

I show people how to use the machines.

❷ ザックがサーフィンのインストラクターとして、どんな仕事をしているか尋ねます。

Zac, サーフィンインストラクターとして何をしているの?

I teach people how to surf and enjoy the ocean.

回答例

❶　Kohei　僕の仕事は、実際すごく楽しいんだ。それに、自分の健康にもすごく良いよ。

　　You　What do you do at the gym every day?

　　Kohei　みんなにマシンの使い方を教えているんだ。

❷　You　ザック、what do you do as a surf instructor?

　　Zac　みんなにサーフィンと海の楽しみ方を教えているよ。

 正答率 17%。「~として」は as。次の a も忘れないでね。

自分の仕事
My Job

Ashley

\ キーフレーズ /

It's one's job to 〜

▶ キーフレーズを使って会話してみよう

アシュリーに自分の仕事について話します。

リスニング 🎧091　ロールプレイ 🎧092

> Thinking about pastries makes me hungry.
> I want to visit your bakery soon.

> Great, please come. I'll be expecting you!
> By the way, what do you do, Ken?

> I'm in the restaurant business.
> I work at a *sushi* restaurant.

> So, are you a *sushi* chef?

> Well, not really.
> **It's my job to manage the restaurant.**

> Oh, my gosh! That's amazing.

訳

You　ペストリーのことを考えるとお腹が空きます。近いうちにあなたのパン屋に行きたいです。

Ashley　いいですね、是非来てください。あなたが来るのを待っていますよ！ところで、あなたは何をしているんですか、ケン。

You　私はレストラン業界にいます。私は寿司レストランで働いているんです。

Ashley　じゃあ、あなたは寿司職人なんですか。

You　ええと、そういうわけではないです。**レストランを運営するのが私の仕事です。**

Ashley　へえ！ それはすごいですね。

語彙チェック ─────────────

□ be expecting 〜 〜が来るのを待つ 🈞　□ business 業界
□ my gosh なんてことだ 🈞　□ manage 運営する

▶学習のポイント

It's one's job to ~ を使えば、各業務が誰の担当であるのかを明確にできます。~には file documents（書類をファイリングする）のような具体的な作業が入ります。

one's の所には my、your、his、her など、所有格を入れよう。

▶実際に使ってみよう

It's one's job to ~ を使って会話してみましょう。

❶ ザックのサーフィンスクールについてアシュリーと話します。

Zac teaches surfing at the surf school.
But, I don't know what he does as the manager.

スクールのために新しい人々を雇うことが彼の仕事なんだ。

❷ 寿司レストランのマネージャーとしてどんな仕事をしているかザックに話します。

It seems that you work long hours
at your *sushi* restaurant.

I do.
毎日レストランを開けるのと閉めるのは私の仕事なんだ。

回答例

❶　Ashley　ザックはサーフィンスクールでサーフィンを教えているの。でも、マネージャーとして何をしているのか知らないわ。

　　　You　It's his job to hire new people for the school.

❷　Zac　君は寿司レストランで長時間働いているようだね。

　　　You　そうだよ。It's my job to open and close the restaurant every day.

ザックの到着
Zac Arrives at the Class

「〜で来ます」と交通手段を伝える
ときの表現です。

\ キーフレーズ /

come by 〜

Zac

▶ キーフレーズを使って会話してみよう

ザックが料理教室に遅れてやってきました。

リスニング 🎧093　ロールプレイ 🎧094

 Hi Ken. I was almost late.

Hi Zac, you're here. What happened?

 My car had some problems today.

Then, **did you come by bus today?**

 Yes, I did.
There was traffic on the highway.

Sorry to hear that. Let's go inside.
The class is starting soon.

訳　　Zac　やあ、ケン。もう少しで遅れるところだったよ。
　　　You　やあ、ザック、来たんだね。何があったの?
　　　Zac　今日車にちょっと問題があったんだ。
　　　You　じゃあ、**今日はバスで来たの?**
　　　Zac　うん、そうだよ。幹線道路が渋滞していたんだ。
　　　You　それは気の毒だったね。中に入ろう。クラスはもうすぐ始まるよ。

語彙チェック

□ **What happened?** 何があったの?　□ **have a problem** 問題がある　□ **by bus** バスで
□ **traffic** 渋滞　□ **highway** 幹線道路　□ **sorry to hear that** それを聞いて気の毒に思う

▶ 学習のポイント

come by ~ は、~に car、bus、bike などを入れて交通手段を伝えること
ができます。徒歩で来た場合は I came on foot. や I walked here. と言い
ます。

by の後の car や bus の前に冠詞 (a, the) は不要。

▶ 実際に使ってみよう

come by ~ を使って会話してみましょう。

❶ コウヘイが渋滞に巻き込まれて、なかなか来ません。

> Kohei is taking a long time because
> there is a lot of traffic.
> Why didn't he take the train today?

> **コウヘイはいつも車で来るよ。**
> He doesn't like riding the bus or train.

❷ 遅刻しそうだったので、タクシーで来たことをコウヘイに説明します。

> **今朝は遅れていたから、タクシーで来たんだ。**

> Taxis always drive very quickly.

回答例

❶　Zac　コウヘイは渋滞で時間がかかっているんだ。どうして彼は今日は電車を使
　　　　わなかったんだろう。

　　　You　Kohei always comes by car. 彼はバスや電車に乗るのが好きじゃな
　　　　いんだ。

　Kohei は三人称単数。comes の s を忘れずに。

❷　You　I came by taxi because I was late this morning.
　　　Kohei　いつだってタクシーはとても速いよね。

右側縦書き: Chapter 1 入門編　Chapter 2 日常編❶　Chapter 3 日常編❷　Chapter 4 トラベル編

料理教室の先生
Meet the Teacher

「私の目標は〜です」と自分が成し遂げたいことを伝える表現です。

Vanessa

\ キーフレーズ /

My goal is to 〜

▶ キーフレーズを使って会話してみよう

料理教室の先生であるヴァネッサに初めて会います。

リスニング 🎧095　ロールプレイ 🎧096

Welcome to the cooking class.
I'm your teacher, Vanessa Hernandez.

Nice to meet you. I'm Ken.
Thank you for letting me take your class.

Nice to meet you, Ken. Of course.
I heard from Zac that you're good at cooking.
Why did you join the class?

**My goal is to learn about
different cultures' food.**

Great.
You'll surely have a good time in this class.

訳 Vanessa 料理教室へようこそ。私が講師のヴァネッサ・ヘルナンデスです。

You はじめまして。私はケンです。あなたのクラスを受講させてくれてありがとうございます。

Vanessa はじめまして、ケン。もちろんですよ。あなたは料理が上手だとザックから聞きましたよ。どうしてクラスに参加したんですか。

You **私の目標は、異なる文化の食べ物について学ぶことなんです。**

Vanessa いいですね。きっとこのクラスで楽しい時間を過ごせますよ。

語彙チェック ―――――――――――――――――――――――――

□ be good at 〜が得意だ 熟　□ culture 文化　□ surely きっと

□ have a good time 楽しい時間を過ごす

▶学習のポイント

My goal is to ~ は、自分が達成しようとしている目標について述べる表現です。~には動詞の原形が入ります。フォーマルな場面でもカジュアルな場面でも使える表現です。

▶実際に使ってみよう

My goal is to ~ を使って会話してみましょう。

❶ アメリカにいる間に達成したい目標についてアシュリーと話します。

So, Ken, is there anything you want to do while you're in America?

Yes. 私の目標は英語を上達させることなんだ。

Oh, I see. That was my goal when I came to America, too.

❷ アメリカ滞在中のもう一つの目標についてアシュリーと話します。

私の目標はたくさんの外国人の友人を作ることなんだ。

Then, I guess you're already making good progress.

回答例

❶　Ashley　ところで、ケン、アメリカにいる間に何かしたいことはある？

　　　You　うん。My goal is to improve my English.

　　Ashley　ああ、なるほどね。私がアメリカに来たときも、それが目標だったわ。

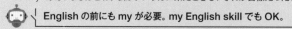
English の前にも my が必要。my English skill でも OK。

❷　　　You　My goal is to make many foreign friends.

　　Ashley　それなら、すでにうまく進んでいるみたいね。

エンチラーダの作り方
How to Make Enchiladas

「どうやって〜するのですか」と手順を尋ねる表現です。

\ キーフレーズ /

How will we 〜?

Vanessa

▶ キーフレーズを使って会話してみよう

ヴァネッサの料理のクラスに参加します。

リスニング 🎧097　ロールプレイ 🎧098

 Today we're making enchiladas.
First, we'll cook the chicken.

I can't wait to get started.
How will we cook it?

 First, fry the spiced chicken with oil in the pan.

I got it. It smells so good!

 When the chicken cools, we'll shred it by hand.

That sounds easy. What's next?

 Put the chicken in the tortilla.
Then add sauce and cheese.

訳　Vanessa　今日はエンチラーダを作ります。最初に、鶏肉を調理します。

　　You　開始するのが待ちきれません。**どうやってそれを調理するんですか。**

　　Vanessa　初めに、フライパンで、香辛料で味付けした鶏肉を油で炒めます。

　　You　わかりました。とてもいい匂いがします！

　　Vanessa　鶏肉が冷めたら、手で割きます。

　　You　簡単そうですね。次は何をしますか。

　　Vanessa　鶏肉をトルティーヤに置きます。それからソースとチーズを加えます。

語彙チェック
□ **get started** 始める 🔱　□ **fry** 油で炒める　□ **spiced** 香辛料で味付けした
□ **I got it.** わかった　□ **smell** 匂いがする　□ **shred** 細かく刻む 🔱　□ **by hand** 手で

▶学習のポイント

How will we 〜? は、複数人で共同作業をする際にその手順などを相談する表現です。〜には動詞の原形が入ります。

▶実際に使ってみよう

How will we 〜? を使って会話してみましょう。

❶ アシュリーとモールに買い物に行こうとしますが、二人とも車を持っていません。

Ken, let's go to the mall today.
I want to buy a backpack.

Okay, but since we don't have a car,
どうやってモールにたどり着くの？

❷ ザックに明日行われるバスケットボールの試合に誘われました。

Do you wanna come with me to
a basketball game tomorrow night?

Sure. **どうやってチケットを買うの？**

Leave it to me.
I'll buy them online now.

回答例

❶　Ashley　ケン、今日モールに行こうよ。リュックを買いたいの。

　　　You　いいよ、でも私たちは車を持ってないから、how will we get to the mall?

❷　Zac　明日の夜、僕と一緒にバスケットボールの試合に来ない？

　　　You　もちろん。How will we buy tickets?

　　　Zac　僕に任せて。今オンラインで買うよ。

クラスの感想
Impression of the Class

「〜をどう思いましたか」と感想を
尋ねる表現です。

\ キーフレーズ /
What did you think of 〜?

Zac

▶ キーフレーズを使って会話してみよう

ザックと料理教室の感想を話します。

リスニング 🎧099　ロールプレイ 🎧100

 Ken, what did you think of the class?

> I liked it a lot.
> Vanessa is a good teacher.

 Yeah.
And, did you know, she's an experienced chef.

> Oh, then her class must be so popular.

 Yes. I envy her cooking skills.

> **What did you think of today's class**, Zac?

 I learned a lot.
The recipe was simple but delicious.

訳 Zac　ケン、クラスをどう思った？
　　 You　とても気に入ったよ。ヴァネッサは良い先生だね。
　　 Zac　うん。それに、知ってた？ 彼女は経験豊富なシェフなんだ。
　　 You　ああ、じゃあ彼女のクラスはとても人気があるに違いないね。
　　 Zac　そうなんだ。彼女の料理の腕がうらやましいよ。
　　 You　**君は今日のクラスをどう思った？** ザック。
　　 Zac　たくさん学びがあったよ。レシピは簡単だったけどおいしかったよ。

語彙チェック
□ like 〜 a lot 〜がとても好きだ　□ experienced 経験のある　□ envy うらやましがる 働
□ skill 腕前 働　□ be satisfied with 〜に満足して 働

キーフレーズ習得数

0　　　　　20　　　　　40　　　　　60　　　　　80　　　　　100

▶ 学習のポイント

What did you think of ～? は、過去に起きた出来事、出会った人、行った場所などについて、その時点で相手がどう思ったかを尋ねる表現です。

日本語の「どう」に引きずられて How を使わないようにね。

▶ 実際に使ってみよう

What did you think of ～? を使って会話してみましょう。

❶ アシュリーがしてくれた故郷フランスの話についてザックと語り合います。

アシュリーの話をどう思った？
Now I want to visit France.

Me, too. Her story about that festival in her hometown was really interesting.

❷ コウヘイの第一印象についてザックと話します。

君がコウヘイに会ったとき、彼のことをどう思った？

My first impression was that he was kind and athletic.

回答例

❶　You　What did you think of Ashley's story? フランスに行きたくなったよ。
　　Zac　僕もだよ。故郷のお祭りの話は本当に興味深かったなあ。

❷　You　What did you think of Kohei when you met him?
　　Zac　僕の第一印象は、彼は親切で運動が得意だというものだったよ。

正答率 22％。meet をちゃんと過去形にできたかな？

119

料理コンテスト
The Cooking Contest

> 「…について〜に詳細を教える」という表現です。

Zac
Ashley

\ キーフレーズ /
fill 〜 in on ...

▶ キーフレーズを使って会話してみよう

ザックとアシュリーと料理コンテストについて話します。

リスニング 🎧 101　ロールプレイ 🎧 102

Ashley, your cooking has really improved.
You're like a professional.

Thanks. My goal is to enter the cooking contest this year.

Can you fill me in on the cooking contest?

Sure. It happens every year, and it's sponsored by the local farmer's market.

Oh, I see. I'm interested in joining it, too.

Then, we should make a group and enter!

Count me in.
You should join too, Zac. It'll be great practice!

訳　Zac　アシュリー、君の料理はとても上達してきたね。プロみたいだよ。

Ashley　ありがとう。私の目標は今年料理コンテストに参加することなの。

You　**料理コンテストについて私に詳細を教えてくれる？**

Ashley　もちろん。毎年開催されていて地元のファーマーズマーケットが主催しているの。

You　ああ、なるほど。僕も参加に興味があるな。

Ashley　じゃあ、グループを作って参加しようよ！

You　僕も参加させて。君も参加しようよ、ザック。いい練習になるよ！

語彙チェック
□ sponsored by 〜主催の 熟　□ local 地元の　□ Count me in. 私も参加させてください 熟

▶ 学習のポイント

fill +人+ in on ... で「人に…について詳しく教える」という意味。Can you fill me in on ~?とすれば「~について詳しく教えてください」という依頼表現になります。

▶ 実際に使ってみよう

fill ~ in on ... を使って会話してみましょう。

❶ ヴァネッサがレストランの拡大を計画しているようです。

その計画について私に詳細を教えてくれますか。

 I can't tell you everything, but I can talk about the basics.

❷ 従業員を募集していることについてコウヘイと話します。

 Ken, have you found any waiters or waitresses yet?

We found a few, but there's a problem.
ランチのとき、それについて君に詳細を教えるよ。

 Okay, please do that. I might be able to help you.

回答例

❶　You　Can you fill me in on the details of that plan?

　Vanessa　全部は教えられませんが、基本的なことなら話せますよ。

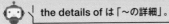 **the details of** は「~の詳細」。

❷　Kohei　ケン、ウェイターかウェイトレスはもう見つかった？

　You　何人か見つけたけど、問題があるんだ。I'll fill you in on it at lunch.

　Kohei　了解、そうしてね。僕に君の手伝いができるかもしれないから。

 正答率 6%。**in on it** は「イノニット」のようにつなげて言ってみよう。

Lesson 52

最後のメンバー
The Last Team Member

「〜は…すると思います」と将来の予測や予定を述べる表現です。

Ashley
Zac

\ キーフレーズ /

I think 〜 will ...

▶ キーフレーズを使って会話してみよう

料理コンテストのグループメンバーについて話します。

リスニング 🎧 103　ロールプレイ 🎧 104

I'll join the cooking contest group.
Are we ready for the contest?

Not yet.
We still need to recruit one more person.

Well, let me see. Maybe we can ask Kohei?

Yeah, we can.
But do you think he will join our team?

**I think he will join because
he needs to cook more.**

Can you fill me in? Who is Kohei?

He is our mutual friend.
I've known him since I was a kid.

訳
Zac 料理コンテストのグループに参加するよ。コンテストの準備はできている？

Ashley まだだよ。まだあと一人を募集する必要があるよ。

You ええと、そうだね。コウヘイを誘ってもいいかもね。

Zac うん、そうだね。でも、僕たちのチームに参加してくれると思う？

You **彼はもっと料理をする必要があるから、参加すると思うよ。**

Ashley 教えてくれない？ コウヘイって誰なの？

You 僕たちの共通の友達なんだ。子供のときからの知り合いなんだ。

語彙チェック ―――――――――

□ **be ready for** 準備ができている　□ **not yet** まだ　□ **recruit** 募集する　□ **mutual** 共通の

▶ 学習のポイント

I think ~ will ... は、これから起きると思うことを伝える表現です。I think ~ （～と思います）の後ろに、主語＋ will ＋動詞の完全な文を続けます。自分の予定について話すときは I think I will ~ となります。

▶ 実際に使ってみよう

I think ~ will ... を使って会話してみましょう。

❶ 明日の天気についてアシュリーと話します。

I wanna have a picnic at the beach tomorrow.
But, it might be cloudy.

明日は晴れだと思うよ。
The weather forecast said so.

❷ 体調が悪そうにしていると、ザックに話しかけられます。

You look sick.
Are you going to see a docter?

I can't today, but **明日行くと思うよ。**

Okay.
Please take care.

回答例

❶　Ashley　明日、海岸でピクニックをしたいなあ。でも、曇っているかもしれないね。
　　You　I think it will be sunny tomorrow. 天気予報でそう言っていたよ。

❷　Zac　体調が悪そうだね。病院に行くの？
　　You　今日は行けないけど、I think I will go tomorrow.
　　Zac　そっか。お大事にね。

Excellent! 本書のレッスンも半分超えたね。キーフレーズがどれだけ使えるかチェックしよう。p. 224 ～の一覧へ go!

Ha Ha
Ha

スピークバディ式学習法・大解剖！

[スピークバディ式の学習について、よくいただく質問にお答えします。]

—— スピークバディのコンテンツの特徴は何ですか？

リアルでありながら、学びやすいところです。ネイティブの英語で学びたくても、海外ドラマのように知らない言い回しの連発では挫折してしまいます。スピークバディでは、ネイティブのライターが自然な会話を書き、ノンネイティブが日本人学習者目線でチェックするプロセスを繰り返してコンテンツを作成。日本人が受けてきた英語教育を理解した上で作られているので、難しすぎず、かつ挑戦しがいのある内容になっています。

—— どうやってレッスンの内容を決めていますか？

スピークバディのアプリでは毎日約 5000 人が学習しています（2021 年 1 月現在）。豊富な学習データやユーザーからのリクエストを分析し、使用頻度が高く、ニーズの高い場面・トピックを吟味して決めています。本書には、初級レッスンから安定した人気のある 100 レッスンを厳選して掲載。アプリには「ビジネス英語」「イディオム」「スモールトーク」など多様なレッスンがあります。

—— 本書を使ったおすすめの学習方法を教えてください。

会話の上達には、質の高いインプットとたくさんのアウトプットが不可欠。新しいものに次々と手を出すより、決まったものを繰り返し継続的に学習しましょう。おすすめは 1 日に 1 ～ 2 レッスン。少ないと思うかもしれませんが、1 週間続ければ最低 7 フレーズが身につきます。体に染み込むまで繰り返し声に出して練習してください。そして、学んだフレーズは積極的に使いましょう。

—— 難しい単語があるので、自分には合わないのではないかと心配です。

スピークバディではネイティブが使う自然な英語を学んでほしいので、学校で習わない単語も会話に含まれています。しかし、会話の要点が理解できれば問題ありません。学びの機会だと捉えて進めてください。

Chapter 3

日常編 ❷
ロサンゼルスの生活

ロサンゼルスで、ファーマーズマーケットや衣料品店、
郵便局など様々な場所に出かけます。
日常的な場面でスムーズに用事をこなしましょう。

Zac

Kohei

Ashley

Mia

Christina

このチャプターでは、あなたの名前は Ken Suzuki です。

頼み事
Ask for a Favor

「～の頼みを聞く」という、依頼をする
ときに使える表現です。

Kohei

\ キーフレーズ /

do ~ a favor

▶ キーフレーズを使って会話してみよう

幼なじみのコウヘイに車を出してもらうように頼みます。

リスニング🎧105　ロールプレイ🎧106

 Hey Ken. What's up?

Hi. **Can you do me a favor?**

Sure. I'm going to the gym now,
but I'll be free later. What do you need?

Will you drive me to a furniture store after work?

Okay. How about O-KEA?
It's a big furniture store nearby.

That sounds great. Thank you.

No problem, Ken. I'm happy to help.
I'll pick you up later this afternoon.

訳　Kohei　やあ、ケン。どうしたの？
　　You　やあ。**私の頼みを聞いてくれる？**
　　Kohei　うん。今はジムに行くんだけど、後で暇になるよ。どうしたいの？
　　You　仕事が終わったら、僕を車で家具店に送ってくれない？
　　Kohei　いいよ。O-KEA はどう？ 近所の大型の家具店だよ。
　　You　それはいいね。ありがとう。
　　Kohei　問題ないよ、ケン。手伝いができて嬉しいんだ。後で午後に車で迎えに行くよ。

語彙チェック
□ drive 車で送る　□ furniture store 家具店　□ How about ～? ～はどうか
□ I'm happy to help. 手伝いが出来て嬉しい 🈁　□ pick ～ up ～を車で迎えにいく

▶学習のポイント

favor は「好意」の意味。**do ～ a favor** で「～の頼みを聞く」となります。
Can you do me a favor?（お願いがあるのですが）とワンクッションを置いて依頼すると、丁寧な印象を与えられます。

 Can I ask you a favor? とも言うよ。

▶実際に使ってみよう

do ～ a favor を使って会話してみましょう。

❶ コウヘイに頼み事をします。

 Do you need anything, Ken?

Yeah.
君に私の頼みを聞いてほしいんだ。

❷ 病気で寝込んでいるところへ、ザックがお見舞いに来てくれます。

 I hope you get a lot of rest, Ken.
Is there anything you need?

Yes, **お願いを聞いてもらって、私のため
にこの図書館の本を返却してくれない?**

> **回答例**
>
> ❶　Kohei　何か困っているの、ケン。
>
> 　　　You　うん、I want you to do me a favor.
>
> ❷　Zac　十分に休んでね、ケン。必要なものはある?
>
> 　　　You　うん、can you do me a favor and return this library book for
> 　　　me?
>
> 正答率 11%。and で文を続けるのが難しかったかも。

車に乗せてもらう
Catching a Ride

「車で〜を送る」という、車の送迎時に使える表現です。

Kohei

\ キーフレーズ /

give 〜 a ride

▶ キーフレーズを使って会話してみよう

コウヘイに車で家具店まで送ってもらいます。

リスニング 🎧 107　ロールプレイ 🎧 108

Ken! Over here! Get in.

Thank you for helping me.

No problem.
What do you want to buy at O-KEA?

Well, I want some decorations and cleaning supplies for my house.

Okay. I'm sure that they have those things there.

I'm glad to hear that.
Thank you again for giving me a ride.

Don't sweat it. It's on my way home anyway.

訳　Kohei　ケン！ こっちだよ！ 乗って。
　　You　手助けしてくれてありがとう。
　　Kohei　お安い御用だよ。O-KEAで何を買いたいの？
　　You　えーと、家の装飾品と掃除道具が欲しいんだ。
　　Kohei　なるほど。きっとそこにあると思うよ。
　　You　それを聞けて嬉しいよ。僕を車に乗せてくれて改めてありがとう。
　　Kohei　気にしないで。どっちみち家に帰る途中にあるから。

語彙チェック

□ **get in** 乗り込む　□ **cleaning supplies** 掃除道具　□ **Don't sweat it.** 気にしないで 🦜
□ **on one's way** 途中で 🦜

▶学習のポイント

give ~ a ride は「誰かを車で送っていく」という意味。Can you give me a ride?、I'll give you a ride. のように、~に送っていく人を入れて使います。

▶実際に使ってみよう

give ~ a ride を使って会話してみましょう。

❶ スーパーまで車で送ってくれないかと電話でザックに頼みます。

 Hey, Ken. What's up?

スーパーまで車で送ってくれない?
I need to buy groceries.

❷ ザックの予定が変わったことをコウヘイに電話で伝えます。

 Wasn't Zac going to take you to work today?

彼は彼のお母さんをクリニックまで車で送るんだ。
So, he can't take me.

回答例

❶　Zac　やあ、ケン。どうしたの?
　　You　Could you give me a ride to the supermarket? 食料品を買わない
　　　　といけないんだ。

❷　Kohei　ザックが今日、君の職場まで連れて行ってくれるんじゃなかったの?
　　You　He will give his mother a ride to the clinic. だから、私は連れて行っ
　　　　てもらえないんだよ。

 「診療所」や病院内の「~科」は clinic で OK。hospital は重篤な病
気、けがの治療に行く所。

探し物
Looking for Something

「〜を売っていますか」と尋ねる表現です。

\ キーフレーズ /

Do you sell 〜?

Christina

▶ キーフレーズを使って会話してみよう

家具店で店員に欲しい商品があるか尋ねます。

リスニング 🎧109　ロールプレイ 🎧110

> Excuse me.
> Can I ask you a question?

Of course.
What can I help you with?

> I want to buy picture frames.
> **Do you sell picture frames here?**

We sure do.
Do you see the bedding aisle?

> Oh, yes, I do.
> It's towards the back of the store, right?

That's right.
Picture frames are in the aisle to the left of that.

訳　　You　すみません。お聞きしてもいいですか。

Christina　もちろんです。何をお手伝いいたしましょうか。

You　額縁を買いたいんです。**ここで額縁を売っていますか。**

Christina　ありますとも。寝具類がある通路が見えますか。

You　ああ、はい、見えます。お店の後ろ側のほうですね。

Christina　そのとおりです。額縁はその左側の通路にあります。

語彙チェック
□ picture frame 額縁　□ bedding 寝具類 動　□ aisle 通路 動
□ towards 〜に向いて　□ back of 〜の後ろに　□ to the left of 〜の左に

▶ 学習のポイント

Do you sell ～? は、～に入る商品を扱っているか店員に尋ねる直接的な表現です。Do you have ～? でも OK ですが、こちらは扱いの有無だけでなく、その場にあるかどうかも尋ねることになります。

▶ 実際に使ってみよう

Do you sell ～? を使って会話してみましょう。

❶ 店で炊飯器があるか店員に尋ねます。

May I help you with something today?

Yes, **このお店で炊飯器を売っていますか。**

We do. They're in the kitchen goods aisle.

❷ 自分が働いているパン屋の話をアシュリーがしてくれます。

あなたのパン屋でカップケーキを売っているの？

Of course!
And, I decorate them all myself.

回答例

❶ Christina　今日は何かお探しでしょうか。

　　　You　はい、do you sell rice cookers at this store?

　Christina　売っていますよ。台所用品売り場にあります。

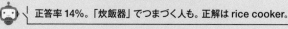 正答率 14%。「炊飯器」でつまづく人も。正解は rice cooker。

❷　　　You　Do you sell cupcakes at your bakery?

　　Ashley　もちろん！それに、私が全部飾りつけをしているのよ。

Lesson 56

英語で何と言う？
What was it called?

> 「～のことを…語で何と言いますか」とある言語での言い方を尋ねる表現です。

Kohei

Christina

\ キーフレーズ /

How do you say ～ in ...?

▶ キーフレーズを使って会話してみよう

コウヘイに欲しい品物の英語での言い方を尋ねます。

リスニング 🎧111　ロールプレイ 🎧112

 Did you need help with anything else?

 Well, yes. I also want to buy... the stuff you use for clothes.

 Do you mean an iron?

 No. Sorry, Kohei. **How do you say *senzai* in English?**

 It's called laundry detergent.

 Oh, I see. Thank you. I want to buy laundry detergent.

 That is in aisle eight. It's right next to the dish soap.

訳　Christina　他に何かお手伝いすることはありましたか。

　　　　You　えーと、はい。他にも買いたいものがあって…、衣類に使う物なんですが。

　Christina　アイロンのことですか。

　　　　You　違います。ごめん、コウヘイ。「洗剤」のことを英語で何と言うの？

　　　Kohei　Laundry detergent だよ。

　　　　You　ああ、なるほど。ありがとう。洗濯洗剤を買いたいんです。

　Christina　通路 8 にあります。食器用洗剤のすぐ隣です。

語彙チェック

□ stuff 物 **名**　□ it's called ～ ～という **熟**　□ laundry detergent 洗濯洗剤
□ right next to ～のすぐ隣に　□ dish soap 食器用洗剤

56フレーズ習得

キーフレーズ
習得数

0   20   40   60   80   100

▶ 学習のポイント

How do you say ~ in ...? は、「〜は…語で何と言う?」とその言語を話す人に尋ねる表現です。英語なら in English、フランス語なら in French のように言います。

 … にどの言語を入れるにせよ、その前の in を忘れずに。

▶ 実際に使ってみよう

How do you say ~ in ...? を使って会話してみましょう。

❶ アシュリーがフランス語を教えてくれるようです。

 I can teach you French if you want.

Hello をフランス語で何と言うの?

 That's an easy one.
We say "Bonjour."

❷ オーストラリア英語についてコウヘイと話します。

オーストラリア英語で Hello は何と言うの?

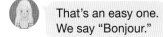 They say "G'day."
It's short for good day.

回答例

❶　Ashley　もし良かったら、フランス語を教えてあげる。

　　　You　じゃあ。 How do you say hello in French?

　　Ashley　簡単よ。 "Bonjour" って言うの。

❷　　　You　How do you say hello in Australian English?

　　　Kohei　"G'day" って言うんだ。 Good day の省略だよ。

お会計
Checkout

「〜で支払えますか」と支払い方法に
ついて尋ねる表現です。

Christina
Kohei

\ キーフレーズ /
Can I pay with 〜?

▶ キーフレーズを使って会話してみよう

家具店のレジで会計を済ませます。

リスニング 🎧 113　ロールプレイ 🎧 114

Where is the cashier?

It's near the entrance to the store. Let's go.

I can ring you up.
Okay. Your total today will be 35 dollars.

All right. **Can I pay with a credit card?**

Of course. Do you need a bag?

No, thank you.
I brought my reusable bag.

Thank you. Here's your receipt.
Have a nice day.

訳
You　レジはどこ？

Kohei　お店の入り口の近くだよ。さあ行こう。

Christina　レジに打ちますね。では、本日は合計で 35 ドルになります。

You　わかりました。**クレジットカードで支払えますか。**

Christina　もちろんです。袋は必要ですか。

You　いいえ、結構です。エコバックを持ってきました。

Christina　ありがとうございます。こちらがレシートです。良い一日を。

語彙チェック ─────────────────────
□ cashier レジ　□ entrance to 〜への入り口　□ ring 〜 up レジに打つ 🟥
□ reusable bag エコバック　□ receipt レシート

▶ 学習のポイント

Can I pay with ~? は、使える支払い手段を店員などに確認する表現。～には cash（現金）、yen（日本円）、credit cards（クレジットカード）、Suica などが入ります。

Can I pay by ~? でも OK。

▶ 実際に使ってみよう

Can I pay with ~? を使って会話してみましょう。

❶ コウヘイとサンフランシスコで買い物をします。

This is Japan Town.
They sell some Japanese things here.

ここでは日本円で支払えるかな？

I don't think so.
You have to pay with American dollars.

❷ アメリカのコンビニでの支払い方法についてコウヘイに尋ねます。

私のメトロバスで支払えるかな？

No, you can only pay with cash or card.

回答例

❶　Kohei　これがジャパン・タウンだよ。ここでは日本の物を売っているんだ。
　　　You　Can I pay with Japanese yen here?

　　Kohei　そうは思わないな。アメリカのドルで支払わないといけないよ。

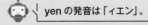 yen の発音は「ィエン」。

❷　　You　Can I pay with my metro pass?
　　Kohei　ううん、支払いは現金かカードだけだよ。

135

Lesson 58 マーケットへのお誘い
Invited to a Farmer's Market

> 「ぜひ〜したいです」と希望を伝える表現です。

Ashley

\ キーフレーズ /

I'd love to 〜

▶ キーフレーズを使って会話してみよう

アシュリーからファーマーズマーケットに誘われます。

リスニング 🎧115　ロールプレイ 🎧116

Hello? This is Ken.
Who is calling?

Hi Ken. This is Ashley.
Do you want to go to a farmer's market?

Oh, Ashley. What is a farmer's market?

It's an event where local
farmers sell their produce.

I see. **I'd love to go with you.**
I'm looking forward to it.

Then, let's meet at Culver City Station at 8.
Bye, Ken.

 訳

You	もしもし？ ケンです。どちら様ですか。
Ashley	もしもし、ケン。アシュリーよ。ファーマーズマーケットに行かない？
You	ああ、アシュリー。ファーマーズマーケットって何？
Ashley	地元の農家の人たちが自分の農産物を販売するイベントよ。
You	なるほど。**ぜひ君と行きたい**。すごく楽しみだな。
Ashley	じゃあ、8 時にカルバーシティー駅で待ち合わせすることにしましょう。じゃあね、ケン。

語彙チェック
□ This is 〜（電話で）私は〜です　□ Who is calling? どちら様ですか
□ Do you want to 〜? 〜しませんか　□ produce 農産物

136

▶ 学習のポイント

I'd love to ~ は、I would love to ~ の縮約形で、相手からの誘いや提案を「ぜひ~したい」と喜んで受け入れる表現。相手から誘われたときの返事は I'd love to. だけでも OK です。

> 「もし可能なら~したい」というニュアンスなので、I want to ~よりも丁寧な印象を与えるんだ。

▶ 実際に使ってみよう

I'd love to ~ を使って会話してみましょう。

❶ ザックがコウヘイとの旅行に誘ってくれます。

Kohei and I are going to Oregon next weekend.
Do you want to come?

Sure. **ぜひ君たちと旅行したいよ。**

❷ 日本語の勉強を手伝ってほしいとザックに頼まれます。

Ken, I want to study Japanese.
Can you help me?

Of course. **ぜひ君に日本語を教えたいよ。**

Thank you.
In return, I can help you study English.

回答例

❶　Zac　コウヘイと僕は来週末オレゴンに行くんだ。君も行かない?
　　You　もちろん。I'd love to take a trip with you.

> 「旅行する」は take a trip の他に travel、go on a trip、go traveling でも OK。基本的に trip は名詞なので、動詞として使わないようにね。

❷　Zac　ケン、日本語を勉強したいんだ。手伝ってくれない?
　　You　もちろん。I'd love to teach you Japanese.
　　Zac　ありがとう。代わりに、君の英語の勉強を手伝うよ。

137

道に迷う
I'm lost

> 「〜がどこか教えていただけますか」と場所を尋ねるときの表現です。

John

\ キーフレーズ /

Could you tell me where 〜 is?

▶ キーフレーズを使って会話してみよう

道に迷ってしまったので、通りすがりの人に尋ねます。

リスニング 🎧 117　ロールプレイ 🎧 118

 I swear the metro station was around here.
Excuse me, sir!

 Oh, yes? Do you need something from me?

 Yes, please.
I'm sorry to bother you, but I'm a little lost.

 I see. I think I can help you.

 Could you tell me where the nearest metro station is?

 You're in luck. There's a station nearby.
I'll give you directions.

 Thank you for your help.

訳
　　You　地下鉄の駅はこの辺りだったはずなんだけど。すみません！
　　John　ああ、はい？ 何か私に御用ですか。
　　You　はい。お忙しいところすみませんが、ちょっと道に迷ってしまったんです。
　　John　なるほど。お役に立てると思いますよ。
　　You　**一番近い地下鉄の駅がどこか教えていただけますか。**
　　John　あなたは運がいいですよ。すぐ近くに駅があります。道順を教えましょう。
　　You　教えていただいてありがとうございます。

― 語彙チェック ―――――――――――――――――――――――――
□ swear 断言する 🔊　□ around here この辺に　□ lost 道に迷った
□ be in luck 運が良くて　□ give 〜 directions 〜に道順を教える

138

キーフレーズ
習得数

59フレーズ習得

0   20   40   60   80   100

▶ 学習のポイント

初めての場所で目的の物の所在地がわからないときには、**Could you tell me where ~ is/are?** と尋ねてみましょう。me の後ろは、「where ＋場所を知りたい物＋ is/are」となります。

> 見知らぬ人にいきなり Where is ~? と聞くと唐突な印象なので、この表現がベター。

▶ 実際に使ってみよう

Could you tell me where ~ is? を使って会話してみましょう。

❶ ヴァネッサのレストランの場所をアシュリーに尋ねます。

> Ashley,**ヴァネッサのレストランがどこか教えてくれない?**

> Yes. It's in the hotel by the bay.

❷ 通りすがりの人に公衆電話の場所を尋ねます。

> Do you need some help?
> You look worried.

> Yes, thank you.
> **一番近くの公衆電話がどこか教えてくれませんか。**

> Sure. It's down the street, next to the bus stop.

回答例

❶　You　アシュリー、could you tell me where Vanessa's restaurant is?
　　Ashley　うん。入り江のそばのホテルの中よ。

❷　Hannah　お手伝いしましょうか。お困りのようですね。
　　You　はい、ありがとうございます。Could you tell me where the nearest pay phone is?
　　Hannah　もちろんです。通りの先の、バス停の横にありますよ。

道順の確認
Confirming Directions

「〜のはずですね」と相手に確認
する表現です。

John

\ キーフレーズ /

I should 〜, right?

▶ キーフレーズを使って会話してみよう

通りすがりの人に駅までの道順を教えてもらいます。

リスニング 🎧 119　ロールプレイ 🎧 120

 I'll tell you how to get to the metro station.
Can you see that intersection?

Yes, I can.
The one with a gas station, right?

 Right. Turn right at that intersection.

Okay, turn right... and then?

 Go straight and you'll see the station on your left.

I should see the station on my left side, right?

 Yes. You'll reach the station in about 10 minutes.
You can't miss it.

訳

John　メトロの駅への行き方をお教えします。あの交差点が見えますか。

You　はい、見えます。ガソリンスタンドのある所ですよね。

John　そのとおりです。その交差点を右に曲がってください。

You　なるほど、右へ曲がって…、それから？

John　まっすぐ行くと、左に駅が見えてきます。

You　**私の左側に駅が見えるはずなんですね。**

John　そうです。約10分で駅に着きます。見逃すことはないですよ。

語彙チェック
□ how to get to 〜への行き方 難　□ intersection 交差点
□ gas station ガソリンスタンド　□ go straight まっすぐに進む　□ miss 見逃す

キーフレーズ習得数

0　　　　　20　　　　40　　　　60　　　　80　　　　100

▶ 学習のポイント

I should ~, right? は、相手が説明してくれた内容を確認する表現。最後に right? を付けて自分の理解が正しいか確認します。

自分の理解が正しいか確認するときに広く使える表現だよ。

▶ 実際に使ってみよう

I should ~, right? を使って会話してみましょう。

① アシュリーを車で迎えに行きます。

Ken, we're almost at Ashley's house.
Can you let her know?

Okay. **彼女にテキストメッセージを送れば良いんだよね。**

② 図書館の本の返却日についてコウヘイに尋ねます。

If you look at the front of the book,
it tells you when to return it.

So, **その本を月曜日までに返せば良いんだよね。**

回答例

①　Zac　ケン、もうすぐアシュリーの家だよ。彼女に伝えてくれない?

　　　You　わかった。I should send her a text message, right?

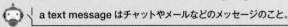

a text message はチャットやメールなどのメッセージのこと。

②　Kohei　本の表を見たら、いつ返せば良いか書いてあるよ。

　　　You　じゃあ、I should return the book by Monday, right?

Chapter 1 入門編　Chapter 2 日常編 ①　Chapter 3 日常編 ②　Chapter 4 トラベル編

駅にて
At the Train Station

「～は…へ行きますか」と乗り物の行き先を尋ねる表現です。

\ キーフレーズ /

Does ～ go to ...?

Marion

▶ キーフレーズを使って会話してみよう

駅で駅員にどの電車に乗ったらいいのか尋ねます。

リスニング 🎧121　ロールプレイ 🎧122

 The Red line train will be departing in five minutes!

Excuse me.
Does this train go to Culver City Station?

 This train goes that way,
but you're going to have to transfer.

I see. Where should I transfer?

 Take this train to Metro Center Station.
Then transfer to the Metro Blue line there.

Thanks. I appreciate your help.

 You're welcome. Have a nice day.

訳

Marion　レッドラインの電車はあと5分で出発します！

You　すみません。**この電車はカルバーシティー駅へ行きますか。**

Marion　その電車はその方向へ行きますが、乗り換えないといけません。

You　なるほど。どこで乗り換えたらいいですか。

Marion　この電車でメトロセンター駅まで行ってください。それから、そこでメトロのブルーラインに乗り換えてください。

You　ありがとうございます。助けていただいて感謝しています。

Marion　どういたしまして。良い一日を。

語彙チェック
□ line 路線　□ depart 出発する　□ transfer 乗り換える　□ take 乗る

61フレーズ習得

キーフレーズ習得数

0　　　　　20　　　　　40　　　　　60　　　　　80　　　　　100

▶ 学習のポイント

Does ～ go to ...? は、電車やバスが特定の場所に行くかどうかを尋ねる表現。その乗り物が目の前にあるのなら、～に this bus や this train など、... には行きたい場所を入れます。

▶ 実際に使ってみよう

Does ～ go to ...? を使って会話してみましょう。

❶ バス停で、次のバスがコミュニティカレッジに行くかどうかを人に尋ねます。

> Excuse me, **このバスはコミュニティカレッジへ行きますか。**

> Yes, it does.
> I think it's six stops from here.

❷ ザックは休暇でカンザスに帰省するようです。

> I already booked my flight to visit my family for the holidays.

> That's nice.
> **君のフライトは直接カンザスに行くの？**

回答例

❶ 　You　すみません、does this bus go to the community college?
　　Adam　はい、行きますよ。ここから6つ目だと思います。

❷ 　Zac　休暇に家族を訪ねるためのフライトをすでに予約したんだ。
　　You　良かったね。Does your flight go directly to Kansas?

 直行便 (a direct flight) かどうか聞きたいときは、go directly to ～が便利。

親切な人
Kind Person

「〜で降ります」と降りる場所について話す表現です。

\ キーフレーズ /

get off at 〜

Melanie

▶ キーフレーズを使って会話してみよう

電車の中で親切な人に声をかけられます。

リスニング 🎧123　ロールプレイ 🎧124

 Hello.
It looks like we're headed in the same direction.

Yes. But, I'm not sure how long I'll be on this train.

 Oh, I see.
Where do you have to get off the train?

I have to get off at Culver City Station.

 That's 10 stops from here.
You'll arrive at the station around 8.

Great! I'll get to the market on time.
Thank you.

 It's no problem at all.

訳　Melanie　こんにちは。私たちは同じ方向へ向かっているようですね。

　　　You　そのようですね。でも、この電車にどのくらい乗るのかわからないんです。

　　Melanie　ああ、なるほど。どこで電車を降りないといけないんですか。

　　　You　**カルバーシティー駅で降りないといけないんです。**

　　Melanie　ここから 10 番目の停車駅です。8 時頃に駅に到着しますよ。

　　　You　素晴らしい！ 時間どおりにマーケットに着きます。ありがとうございます。

　　Melanie　全く問題ないですよ。

語彙チェック

□ head 行く 難　□ stop 停車場　□ around 大体 難　□ no 〜 at all 全く〜でない

62フレーズ習得

▶ 学習のポイント

get off at ～ は、利用した交通手段を降りる場所を伝える表現です。目的地への行き方を教えるなら、Please get off at ～. (～で降りてください) と相手に伝えましょう。

▶ 実際に使ってみよう

get off at ～ を使って会話してみましょう。

❶ コウヘイとバスケットボールの試合に行く前に、バスでの行き方を確認します。

Do you remember how to get to the basketball stadium?

Yes. 4 番目の停留所で降りないといけないよ。

❷ もうすぐ電車を降りるので、席を人に譲ります。

Would you like to sit?
私は次の駅で降ります。

Oh, thank you.
That's very kind of you.

回答例

❶ Kohei バスケットボールのスタジアムへの行き方を覚えている？
　 You うん。I have to get off at the fourth stop.

 正答率 15%。電車やバスの「停車駅、停留所」は stop。fourth の発音にも注意してね。

❷ You 座られますか。I'll get off at the next station.
　 Guido ああ、ありがとうございます。ご親切にどうも。

Chapter 1 入門編　Chapter 2 日常編❶　Chapter 3 日常編❷　Chapter 4 トラベル編

145

はじめてのマーケット
The First Farmer's Market

「〜は初めてです」とこれまで経験したことがないことについて話す表現です。

Ashley

\ キーフレーズ /

It's one's first time 〜

▶ キーフレーズを使って会話してみよう

アシュリーとファーマーズマーケットで待ち合わせました。

リスニング 🎧 125　ロールプレイ 🎧 126

Good morning, Ken. I'm happy to see you.

Good morning, Ashley. Thanks for inviting me.

No problem.
Are you ready to shop till you drop?

I'm sorry? What do you mean?

To shop till you drop means
doing a lot of shopping.

I see. I'm not sure.
It's my first time at a farmer's market.

I think you'll buy a lot.
There are tons of fresh fruits and vegetables here.

訳　Ashley　おはよう、ケン。会えて嬉しいわ。
　　You　おはよう、アシュリー。誘ってくれてありがとう。
　　Ashley　どういたしまして。倒れるまで買い物する準備はできている?
　　You　ごめん。どういう意味?
　　Ashley　倒れるまで買い物をするっていうのは、たくさん買い物をするという意味よ。
　　You　なるほど。どうだろう。僕は**ファーマーズマーケットが初めて**なんだ。
　　Ashley　たくさん買うと思うわ。ここには新鮮な果物や野菜が山ほどあるもの。

語彙チェック
□ invite 誘う　□ be ready to 〜する準備ができている　□ tons of たくさんの〜 🈭

63フレーズ習得

キーフレーズ
習得数

0　　　　　20　　　　　40　　　　　60　　　　　80　　　　　100

▶ 学習のポイント

It's one's first time ～ は、初めて訪れる場所や、体験について話す表現です。～には at ＋場所の名前、あるいは動詞の ing 形が続きます。

初めての場所について言う場合は at を忘れずに。

▶ 実際に使ってみよう

It's one's first time ～ を使って会話してみましょう。

❶ アシュリーが寿司レストランで緊張しているわけをザックと話します。

Does Ashley look nervous to you?
Something is wrong.

彼女は寿司を試すのが初めてなんだ。
So, I think she's worried.

❷ 遊園地ではしゃぐザックについてアシュリーと話します。

Zac is like a little kid.
He wants to go on all the rides.

Yeah. **彼、マウスランドが初めてなんだよ。**

Really?
I can't believe he hasn't been here before.

回答例

❶　Zac　アシュリーが緊張しているように見えない？ 何かおかしいみたいだよ。
　　You　It's her first time trying *sushi*. だから、心配しているんだと思うよ。

❷　Ashley　ザックは小さな子供みたいなのよ。全部の乗り物に乗りたがっているの。
　　You　うん。It's his first time at Mouse Land.
　　Ashley　本当に？ これまでにここに来たことがないとは信じられないわ。

値引き交渉の仕方
How to Bargain

「〜かわかりません」と確信がないことについて話す表現です。

\ キーフレーズ /

I don't know if 〜

Ashley

▶ キーフレーズを使って会話してみよう

アシュリーに値引き交渉について教えてもらいます。

リスニング 🎧127　ロールプレイ 🎧128

 Did you know, you can bargain with the sellers here?

Really? How do you bargain?

 The trick is to buy things together. Then, the sellers will usually lower the price.

Oh, I see. **I don't know if I can do that well.**

 Well, I was embarrassed at first, but now I enjoy bargaining.

I see. So, do people bargain a lot in France, too?

 No, some people think it's rude to do that.

訳　Ashley　ここでは売り主に値段を交渉できるって知ってた？

　　You　本当に？　どうやって値切るの？

　　Ashley　コツは、まとめて買うことよ。それなら売り手は普通は値引きしてくれるわ。

　　You　ああ、なるほど。**僕はうまくできるかどうかわからないな。**

　　Ashley　そうね、私は最初は恥ずかしかったけど、今では値切るのを楽しんでいるわ。

　　You　そうなんだね。ところで、フランスでも値段を交渉することは多いの？

　　Ashley　いいえ、失礼だと思う人もいるわ。

語彙チェック
- □ bargain 値段を交渉で決める 🈔　□ trick コツ　□ lower 下げる
- □ embarrassed 恥ずかしい 🈔　□ enjoy doing 〜するのを楽しむ

▶ 学習のポイント

I don't know if ~ は自分に自信や確信がないことを伝える表現。この if は「もし~」ではなく「~かどうか」の意味で、whether よりもくだけた言い方です。

 I don't know if I can ~ のように、if の後ろには主語から始まる文を。

▶ 実際に使ってみよう

I don't know if ~ を使って会話してみましょう。

❶ パーティーに参加できるかどうかまだわからないとアシュリーに伝えます。

 Ken, don't forget to tell me if you can come to my party or not.

Sorry, パーティーに行けるかどうかまだわからないんだ。

❷ コウヘイに誕生日プレゼントを頼んだのですが…。

 Did you tell Kohei what you want for your birthday?

Yes. But, 彼が私に新しいビデオゲームを買ってくれるかわからないよ。

回答例

❶　Ashley　ケン、私のパーティーに来れるかどうか、忘れずに教えてね。

　　You　ごめん、I don't know if I can come to the party yet.

 英語では話し相手のいる場所に移動するときは、go ではなく come を使うよ。

❷　Zac　誕生日に何が欲しいかコウヘイに伝えた?

　　You　うん。でも、I don't know if he will buy me the new video game.

149

交渉上手
Ashley's Skill

「あなたが〜する方法が好きです」と
相手を褒める表現です。

\ キーフレーズ /

I like the way you 〜

Ashley

▶ キーフレーズを使って会話してみよう

アシュリーが値段交渉に成功しました。

リスニング 🎧 129　ロールプレイ 🎧 130

So, Ken, how is your shopping going?
I got a whole bag of apples for five dollars!

You are really good at bargaining.
I like the way you get what you want.

It's no big deal, you know.
You can do it too, if you try.

Do I have to? I don't wanna embarrass myself.

Be brave and just try it, Ken.
The worst they can say is no.

You're right. I came here for new
experiences. So, I should give it a try.

訳　Ashley ねえ、ケン、買い物はどう？ 私は袋いっぱいのりんごを5ドルで買ったの！

You 君はとても値切るのが上手だね。**君が自分の欲しい物を手に入れる方法が好き
だよ。**

Ashley 大したことないわよ。あなたもやってみたらできるわ。

You やらなきゃいけないの？ 恥をかきたくないんだ。

Ashley 勇気を出してやってみて、ケン。最悪の場合でもノーと言われるだけよ。

You 確かに。新しい経験をするためにここに来たんだから、試してみるべきだね。

語彙チェック
□ bargaining 交渉　□ no big deal 大したことない　□ embarrass oneself 恥をかく
□ brave 勇敢な　□ worst 最も悪いこと　□ give 〜 a try 〜を試してみる

65フレーズ習得

キーフレーズ習得数

0　　　　20　　　　40　　　　60　　　80　　　100

▶学習のポイント

I like the way you ~ は、相手を褒める際に使われる表現です。the way you ~ は「あなたが~する方法（やり方）」ということ。~には talk、smile などあなたが評価している人の行動を表す動詞が入ります。

> I like the way you think.（あなたの考え方が好きだ）もよく使う表現だよ。

▶実際に使ってみよう

I like the way you ~ を使って会話してみましょう。

❶ ザックとカラオケに行き、得意な曲について話します。

> 君のロックの曲の歌い方が好きなんだ。
> Can you sing another one?

Sure, Ken. I'd be happy to do that.
I love rock songs.

❷ コウヘイの人気の秘密について話します。

> 君が人々に話しかける方法が好きなんだ。
> You're so cool.

It's nothing.
I'm naturally friendly, so talking to people is easy.

回答例

❶　You　I like the way you sing rock songs. もう1曲歌ってくれない？

　　Zac　もちろんさ、ケン。喜んでそうするよ。ロックの曲は大好きなんだ。

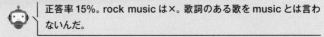

> 正答率 15%。rock music は×。歌詞のある歌を music とは言わないんだ。

❷　You　I like the way you talk to people. すごくかっこいいね。

　　Kohei　何でもないよ。生まれつき友好的だから、人に話しかけるのは簡単なんだ。

151

珍しい野菜
Interesting Vegetable

「お話中失礼ですが、〜」と話への割り込みを詫びる表現です。

Erica

\ キーフレーズ /

Sorry to interrupt, but 〜

▶ キーフレーズを使って会話してみよう

おいしそうな野菜や果物を売っている店を見つけました。

リスニング 🎧131　ロールプレイ 🎧132

 Good morning. How are you today?

I'm fine, thank you. Your vegetables look delicious.

 Look at those tomatoes, Ken! They're so colorful.

Yeah. Since it's summer now, these tomatoes are in season.

Sorry to interrupt, but what are these green leaves?

 That's kale. It's a popular vegetable here.

What does it taste like?

 It's bitter but tastes rich.

訳　Erica　おはようございます。お元気ですか。
　　You　元気です、ありがとうございます。あなたの野菜はおいしそうに見えますね。
　Ashley　ケン、あのトマトを見て！ とても色鮮やかだね。
　　Erica　そうなんですよ。今は夏なので、これらのトマトは旬なんです。
　　You　**お話し中すみませんが、これらの緑の葉っぱは何ですか。**
　　Erica　それはケールですよ。ここでは人気の野菜です。
　　You　どんな味がするんですか。
　　Erica　苦いけど濃い味ですよ。

語彙チェック
□ in season シーズンの　□ leaves 葉（leaf の複数形）　□ bitter 苦い　□ rich 濃い

キーフレーズ習得数

0　　　　　　20　　　　　　40　　　　　　60　　　　　80　　　　　100

▶ 学習のポイント

Sorry to interrupt, but ～ は、「お話し中すみませんが、～」と相手が話しているところを遮って、伝えたいことがあるときに用いる表現です。

フォーマルな場面でもカジュアルな場面でも使って大丈夫。

▶ 実際に使ってみよう

Sorry to interrupt, but ～ を使って会話してみましょう。

❶ そろそろグループミーティングに行かないといけないとザックに伝えます。

> Zac, 話をしているところ申し訳ないけど、私たちは今行かないといけないよ。

You're right.
The group meeting will start soon.

❷ 台所に来て手伝ってほしいとアシュリーに伝えます。

> 話をしているところ申し訳ないけど、私は台所で君の助けが必要なんだ。

Sure thing, Ken.
I'll be right there.

回答例

❶　You　ザック、sorry to interrupt, but we have to go now.
　　Zac　そうだね。グループミーティングがもうすぐ始まるね。

❷　You　Sorry to interrupt, but I need your help in the kitchen.
　　Ashley　もちろんよ、ケン。すぐに行くわ。

Chapter 1 入門編　Chapter 2 日常編 ❶　Chapter 3 日常編 ❷　Chapter 4 トラベル編

153

値引き交渉に挑戦
Bargaining

「値引きする」という、値引き交渉の
ときに使える表現です。

Erica

\ キーフレーズ /

give ~ a discount

▶ キーフレーズを使って会話してみよう

ファーマーズマーケットで値引き交渉してみます。

リスニング 🎧 133　ロールプレイ 🎧 134

Could you tell me how much these carrots cost?

 Certainly.
A bunch of five costs three dollars.

And how about a basket of mushrooms?

 Each basket of mushrooms costs five dollars.

If I buy both, can you give me a discount?

 Five dollars is too cheap.
But, I'd give them to you for six dollars.

訳

You　この人参はいくらか教えていただけますか。

Erica　もちろんです。5本1束で3ドルになります。

You　それからマッシュルーム1かごはどうですか。

Erica　マッシュルーム1かごあたり、5ドルになります。

You　もし私が両方買ったら、値下げしてくれますか。

Erica　5ドルは安すぎます。でも、6ドルでお売りしますよ。

語彙チェック ―――――――――――――――

□ cost かかる　□ a bunch of 一束の 🔊　□ How about ~? ~はどうか

67フレーズ習得

キーフレーズ
習得数　0　　　20　　　40　　　60　　80　　100

▶学習のポイント

give ～ a discount は、値段交渉の際に使える表現。あなたが客なら Can you give me a discount?、あなたが店員なら I'll give you a discount. となります。

値引き交渉が可能かどうか、場の雰囲気の判断も大切。

▶実際に使ってみよう

give ～ a discount を使って会話してみましょう。

❶ ロサンゼルス市内にある本屋についてアシュリーと話します。

Have you been to that new bookstore in downtown L.A.?

Yes, I have.
本を 2 冊買えば、彼らは値引きをしてくれるよ。

❷ 寿司レストランの客に、まだ深夜割引になる時間ではないことを伝えます。

Can we get the late night discount, please?

すみませんが、まだ値引きはできません。
It starts at 10 p.m.

回答例

❶　Ashley　あのロサンゼルス市内の新しい本屋には行った？

　　You　うん、行ったよ。They give you a discount if you buy two books.

❷　Erica　深夜割引をしていただけませんか。

　　You　I'm sorry, but I can't give you a discount yet. 午後 10 時に始まるんです。

155

心配事
A Daunting Task

「〜するのに慣れています」と話す表現です。

Ashley

\ キーフレーズ /

be used to 〜ing

▶ キーフレーズを使って会話してみよう

アシュリーと心配事について話します。

リスニング 🎧 135　ロールプレイ 🎧 136

I have an interview for a food magazine soon. So, I'm nervous.

You've done interviews before, haven't you?

Yes. **I'm used to doing interviews in Japanese.** But, not in English.

I see. Still, it'll be a good advertisement for your restaurant.

That's true. Do you have advice on making a good impression?

Why don't you get a makeover? That's one way to feel more confident.

訳

You　もうすぐ料理雑誌のインタビューがあるんだ。だから緊張しているんだ。

Ashley　今までにインタビューを受けたことはあるんでしょ?

You　あるよ。**僕は日本語でインタビューを受けるのには慣れてるよ。**でも、英語では慣れていないんだ。

Ashley　なるほど。でも、あなたのレストランの良い宣伝になるね。

You　そのとおりなんだ。良い印象を与えるためのアドバイスはある?

Ashley　イメージチェンジしてみたらどう?もっと自信をもつための一つの方法よ。

語彙チェック ─────────────────────

□ make a good impression 良い印象を与える　□ Why don't you 〜? 〜しませんか
□ get a makeover イメージチェンジする 🈯　□ confident 自信がある

68フレーズ習得

キーフレーズ
習得数

0   20   40   60   80   100

▶ 学習のポイント

be used to ~ing は、I'm used to working.（仕事には慣れています）の
ように、to の後ろに ing 形の動詞を入れて、話し手が慣れている行為を伝え
ます。

I used to do ～（以前はよく～したものだ）との混同に注意。

▶ 実際に使ってみよう

be used to ~ing を使って会話してみましょう。

❶ いつも夜遅くまで起きているコウヘイと話します。

Aren't you tired, Ken?
It's so late already.

私は遅くまで起きているのに慣れているんだ。
So, I'm okay.

❷ ザックと夕食を食べています。

What's up, Ken?
You have a big smile on your face.

私は一人で食べるのに慣れている,
so I'm happy to be eating with friends.

Oh, I see.
I'm glad to have dinner with you too.

回答例

❶　Kohei　疲れていないの？ ケン。もうすごく遅いよ。

　　You　I'm used to staying up late. だから、大丈夫だよ。

❷　Zac　どうしたの？ ケン。満面の笑みだね。

　　You　I'm used to eating alone から、友人と食べるのは幸せだよ。

　　Zac　ああ、そうなんだね。僕も、君と夕食を食べられて嬉しいよ。

Lesson 69

美容院の予約
Schedule a Haircut

「〜の予定を入れたいです」と伝える表現です。

\ キーフレーズ /

I want to schedule 〜

Guido

▶ キーフレーズを使って会話してみよう

美容院に電話をしてヘアカットの予約をします。

リスニング 🎧 137　ロールプレイ 🎧 138

 Hello, Fancy Cuts Salon.
What can I do for you?

Hello.
I want to schedule a haircut appointment.

 All right, sir. When would you like it to be?

Do you have any openings on
Wednesday at 4 p.m.?

 Yes, we do. May I ask your name?

Sure. My name is Ken Suzuki.

 Then, we'll see you on the 16th at 4, Mr. Suzuki.
Goodbye.

訳　Guido　はい、ファンシー・カット・サロンです。何か御用ですか。
　　You　もしもし。**ヘアカットの予約を入れたいんです。**
　　Guido　かしこまりました。いつがよろしいですか。
　　You　水曜日の午後 4 時は空きがありますか。
　　Guido　はい、空いています。お名前を伺ってもよろしいですか。
　　You　もちろんです。私の名前はケン・スズキです。
　　Guido　では 16 日 4 時にお会いしましょう、スズキさん。失礼します。

語彙チェック
□ appointment 予約　□ opening 空き 難

▶学習のポイント

I want to schedule an appointment. で「予約を入れたい」。特定の施設（病院など）の予約なら appointment の前に a hospital あるいは後ろに at a hospital などと入れます。

 at ＋時間、on ＋曜日を文の最後に付け足すこともできるんだ。

▶実際に使ってみよう

I want to schedule ～ を使って会話してみましょう。

❶ 診察の予約をするために病院に電話をします。

 Hello, this is Dr. Keira's office.
May I help you with something?

Yes. 医者の予約の予定を入れたいんです。

 I see.
When would you like an appointment?

❷ スタッフ会議の設定についてコウヘイに話します。

Well, 近いうちにスタッフミーティングの予定を入れたいんだ。

 I see.
That sounds like a good idea.

回答例

❶ Christina　もしもし、キーラの病院です。どうされましたか。

　　　　You　はい。I want to schedule a doctor's appointment.

　　Christina　わかりました。いつがよろしいですか。

❷　　　You　ええと、I want to schedule a staff meeting soon.

　　　Kohei　そうか。良さそうな考えだね。

159

ヘアカット
The Haircut

「予約してあります」と伝える表現です。

Guido

\ キーフレーズ /

have an appointment

▶ キーフレーズを使って会話してみよう

美容院でカットをしてもらいます。

リスニング ∩139　ロールプレイ ∩140

 Hello. Are you here for an appointment?

Yes. My name is Ken Suzuki.
I have an appointment at 4.

 For a haircut, right? Please take a seat.
Do you have a certain haircut in mind?

No, but I'd like to change the style a bit.

 Okay. I'll see what I can do.

~~ 1 hour later ~~

 All right, it's done! What do you think?
I think you look like a celebrity.

It looks great! And it's the perfect length.
Thank you.

訳　Guido　こんにちは。予約して来られたんですか。
　　You　はい。私の名前はケン・スズキです。**私は 4 時に予約しています。**
　　Guido　カットですね？ どうぞお座りください。特定の髪型を考えられていますか。
　　You　いいえ、でもヘアスタイルを少し変えたいんです。
　　Guido　わかりました。何ができるか考えてみますね。
　　　　　（1時間後）はい、できました！ どうですか。有名人のように見えると思いますよ。
　　You　いいですね！それにちょうどいい長さです。ありがとうございます。

語彙チェック

□ certain ある〜 🈔　□ look like 〜 〜のように見える　□ celebrity 有名人

▶ 学習のポイント

have an appointment は、仕事の来訪先や店などに到着した際に、事前に予約してあることを告げる表現。友人や家族との約束には使いません。

> 友人や家族との約束には appointment ではなく plan を使うよ。例えば I have plans today.（今日は予定がある）。

▶ 実際に使ってみよう

have an appointment を使って会話してみましょう。

❶ 診察を予約している病院に行きます。

10時にキーラ医師と予約があります。

Oh, I see. Please sit down over here.

❷ ある美容院についてコウヘイと話します。

 Do you know anything about that hair salon over there?

I've heard good things about it. Actually, **明日あそこで予約があるんだ。**

回答例

❶ You I have an appointment with Dr. Keira at 10.
Christina ああ、わかりました。ここにお座りください。

❷ Kohei あそこの美容院について何か知ってる？
You 良いという話を聞いたよ。実は、I have an appointment there tomorrow.

衣料品店
The Clothing Store

「〜を探しています」と買いたいものを伝える表現です。

Mia

\ キーフレーズ /

I'm looking for 〜

▶ **キーフレーズを使って会話してみよう**

衣料品店で、インタビューで着る洋服を探します。

リスニング 🎧141　ロールプレイ 🎧142

 Welcome to M&H. My name is Mia.
Are you looking for anything today?

Yes. **I'm looking for a nice shirt for myself.**

 Can you tell me more?
Is it for a special occasion?

It's for an interview.
I'm trying to give a professional impression.

 I see. This is our newest line of shirts.
How about this beige one?

Yeah, the material is soft, and I like the collar.
I'm interested in it.

訳　Mia　M&H へようこそ。私の名前はミアです。今日は何かお探しですか。

You　はい。**自分用の素敵なシャツを探しています。**

Mia　詳しく教えていただけますか。特別な日のためのものですか。

You　インタビュー用なんです。プロフェッショナルな印象を与えようとしているんです。

Mia　なるほど。これが私たちの最新のシャツの数々です。このベージュのものはいかがですか。

You　はい、素材が柔らかくて、襟が好きです。気に入りました。

語彙チェック

□ **for myself** 自分自身のために　□ **special occasion** 特別な日　□ **material** 素材
□ **collar** 襟

キーフレーズ
習得数

0　　　　　20　　　　　40　　　　　60　　　　　80　　　　　100

▶ 学習のポイント

I'm looking for ~ は、自分が探している物を伝える表現。買い物の最中に探しているものが見つからなかったら店員にこう話しかけてみましょう。

> この表現には、探している物を一緒に探してほしいというニュアンスも含まれるよ。

▶ 実際に使ってみよう

I'm looking for ~ を使って会話してみましょう。

① テーブルを買いに家具店に行きます。

Hello, sir. May I help you?

Yes, 私の台所用に小さなテーブルを探しているんです。

② 探している本についてアシュリーが尋ねてきます。

Hi Ken. Have you found the book you wanted to buy?

No, not yet.
But, まだ毎日それを探しているよ。

Then, can you let me know when you find it?
I want to buy it, too.

回答例

① Christina　こんにちは。何かお探しですか。

　　You　はい、I'm looking for a small table for my kitchen.

② Ashley　こんにちは、ケン。あなたが買いたがっていた本を見つけた?

　　You　いや、まだなんだ。でも、I'm still looking for it every day.

　　Ashley　じゃあ、それを見つけたら教えてくれない? 私も買いたいの。

> 正答率 9%。以前からの状況が続いているときは still。yet は not ~ yet でまだしていないことに使うよ。

Chapter 1 入門編 ┃ Chapter 2 日常編 ❶ ┃ Chapter 3 日常編 ❷ ┃ Chapter 4 トラベル編

試着
The Fitting Room

「～を試着してもいいですか」と店で尋ねる表現です。

Mia

\ キーフレーズ /

May I try ～ on?

▶ **キーフレーズを使って会話してみよう**

気になるシャツを試着してみます。

リスニング 🎧143　ロールプレイ 🎧144

 This striped shirt in blue is our current bestseller.

May I try the blue shirt on?

 Of course. Our fitting rooms are this way.

～～ 5 minutes later ～～

 So, did you like the shirt?

The fit is good, but this blue is too bright.

訳

Mia　この青の縞模様のシャツが、現在一番よく売れています。

You　**青いシャツを試着してもいいですか。**

Mia　もちろんです。試着室はこちらです。

　　　（5分後）それで、シャツは気に入られましたか。

You　サイズは合うんですが、この青色は明るすぎます。

語彙チェック
□ striped 縞模様の　□ current 現在の　□ fitting room 試着室　□ fit 合っていること
□ bright 明るい

キーフレーズ
習得数　0　　　20　　　40　　　60　　80　　100

▶ 学習のポイント

May I try ~ on? は、気に入ったアイテムを試着できるかどうか店員に尋ねる表現。洋服だけでなく靴 (these shoes) やアクセサリー (this necklace, these earrings) の試着にも使えます。

 文末の on を忘れずに。

▶ 実際に使ってみよう

May I try ~ on? を使って会話してみましょう。

❶ スポーツ用品店でテニスシューズを試し履きします。

 Do you need some help with anything?

Yes, **このテニスシューズを試着してもいいですか。**

 Sure.
You can sit down and try them on over here.

❷ 洋服店でジーンズを試着します。

その青いジーンズを試着してもいいですか。

 Okay.
Let me get them for you.

回答例

❶　Mia　何かお手伝いしましょうか。
　　You　はい、May I try these tennis shoes on?
　　Mia　もちろんです。こちらでお座りになって、履いてみてください。

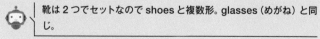 靴は 2 つでセットなので shoes と複数形。glasses (めがね) と同じ。

❷　You　May I try the blue jeans on?
　　Mia　はい。お持ちしますね。

色違い
Different Colors

「〜で…のものはありますか」と他の選択肢について尋ねる表現です。

\ キーフレーズ /

Do you have 〜 in ...?

Mia

▶ キーフレーズを使って会話してみよう

違う色のシャツがあるか尋ねます。

リスニング 🎧145　ロールプレイ 🎧146

 So, you want to stay away from bright colors?

Yeah.
Do you have this shirt in any other colors?

 Yes.
It also comes in white, maroon, and gray.

Then, I'd like to buy this shirt in white, please.

 It's out of stock now, but we'll get
a new shipment next week.

Okay, I'll come back next week.

訳

Mia　では、お客様は明るい色は避けられたいんですか。

You　はい。**このシャツで他の色のものはありますか。**

Mia　はい。白、栗色、グレーもあります。

You　では、このシャツの白色のを買いたいです。

Mia　そちらは現在品切れですが、来週には新しく入荷されてきます。

You　では、来週また来ますね。

語彙チェック
□ stay away from 〜を避ける 難　□ come in 〜の形で売られている 難
□ maroon 栗色 難　□ out of stock 品切れ　□ shipment 発送

▶ 学習のポイント

Do you have ～ in ...? は、洋服店などで、他の色やサイズ、デザインの物がないか店員に尋ねる表現です。～にはアイテム名、... には色、サイズ、柄などが続きます。

 語順は Do you have ＋ A（アイテム名）＋ in B（色、サイズ、柄など)?。A → B の語順を間違えないように。

▶ 実際に使ってみよう

Do you have ～ in ...? を使って会話してみましょう。

❶ 他のサイズのジャケットがあるか店員に尋ねます。

> **このジャケットのより小さいサイズのものはありますか。**
> This one is too big.

 We do.
Let me get you a smaller one right now.

❷ 気に入ったカバンを見つけ、他の色はないかと店員に尋ねます。

> This looks nice.
> **このカバンで黒のものはありますか。**

 Please give me a second.
I'll check right now.

回答例

❶ You Do you have this jacket in a smaller size? これは大きすぎるんです。
Mia ありますよ。今、小さいものを持って来ますね。

 「これよりも小さいサイズ」という意味なので、a smaller size と比較級で表現するよ。

❷ You これ、良いですね。Do you have this bag in black?
Mia ちょっと待ってくださいね。今すぐ確認します。

Chapter 1 入門編　Chapter 2 日常編 ❶　Chapter 3 日常編 ❷　Chapter 4 トラベル編

エッグベネディクト
Eggs Benedict

「なぜ〜するのが難しいのですか」
と尋ねる表現です。

Vanessa

\ キーフレーズ /
Why is it difficult to 〜?

▶ キーフレーズを使って会話してみよう

料理教室でエッグベネディクトの作り方を習います。

リスニング 🎧147　ロールプレイ 🎧148

 Today we're making eggs benedict.

 Oh, I have eaten that before in Tokyo.
What is the recipe like?

 It looks easy, but it's difficult.
Making the sauce is challenging.

 Really? **Why is it difficult to make the sauce?**

 It's because the sauce separates easily.
So, we'll make it in a blender.

 Do you use a blender to make sauces often?

 Yes. Blenders come in handy for
making the sauce smooth.

訳　Vanessa　今日はエッグベネディクトを作ります。
　　You　ああ、以前東京で食べました。レシピはどんな感じですか。
　　Vanessa　簡単に見えますが、難しいです。ソース作りはやりがいがありますよ。
　　You　本当ですか。**なぜソースを作るのが難しいんですか。**
　　Vanessa　ソースが分離しやすいからです。ですから、ミキサーで作ります。
　　You　ソースを作るのにミキサーを使うことはよくあるんですか。
　　Vanessa　はい。ミキサーはソースをなめらかにするのに役立ちますよね。

語彙チェック ―――――――――――――――――――――――――――

□ challenging やりがいのある　□ separate 分かれる　□ come in handy 役に立つ 🔊

キーフレーズ
習得数

0　　　　　　20　　　　　　40　　　　　　60　　　　　80　　　　　100

▶ 学習のポイント

一見簡単そうに見えることも実は難しかったりするもの。**Why is it difficult to ~?** を使って難しい理由を聞いてみましょう。to の後ろには動詞の原形が続きます。

▶ 実際に使ってみよう

Why is it difficult to ...? を使って会話してみましょう。

❶ ザックが最近十分に眠れていないそうです。

I can't go to sleep early these days.

なぜ早く寝ることが難しいの?

Because I have a lot of Japanese homework from my class.

❷ コウヘイのジムに新しく入会した会員について話します。

なぜ彼らに話しかけるのが難しいの?

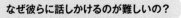

Well, they mostly speak Spanish.
So I don't know what they're saying.

回答例

❶　Zac　最近早い時間に眠れないんだ。

　　You　Why is it difficult to go to bed early?

　　Zac　日本語の授業の宿題がたくさんあるからだよ。

 　go to bed は go to sleep でも OK。

---

❷　You　Why is it difficult to talk to them?

　　Kohei　あのね、彼らの会話の大半はスペイン語だから、何て言っているのかわからないんだよ。

右側縦書き：Chapter 1 入門編　Chapter 2 日常編❶　Chapter 3 日常編❷　Chapter 4 トラベル編

難しいレシピ
A Difficult Recipe

「…よりもっと～です」と比較する表現です。

Zac
Ashley

\ キーフレーズ /
be more ～ than ...

▶ **キーフレーズを使って会話してみよう**
アシュリーとザックとクラスの感想を話します。

リスニング 🎧 149　ロールプレイ 🎧 150

Hi Ken. What did you think of today's class?

Hey Ashley. Cooking that eggs benedict was so difficult. It was ridiculous!

I know what you mean.
Vanessa said the blender would help but...

But the sauce didn't turn out well at all.

Oh, hi Zac. Yeah. **This recipe was more difficult than the last one.**

At least we're learning some new skills, though.

訳　Ashley　こんにちは、ケン。今日のクラスをどう思った？

You　やあ、アシュリー。あのエッグベネディクトを作るのはとても難しかったよ。とんでもなかったよ！

Ashley　言いたいことはわかるわ。ヴァネッサはミキサーが助けになると言ったけど…。

Zac　でもソースはまったくうまくいかなかったよ。

You　おや、やあザック。そうだよね。**このレシピは前回のものより難しかったね。**

Zac　でも少なくとも、僕たちは何か新しいスキルを習得しているわけだよ。

語彙チェック
□ ridiculous ばかげた 難　□ I know what you mean. 言いたいことはわかる
□ turn out ～になる 難　□ though ～だけど

▶ **学習のポイント**

be more ~ than ... は、比較表現なので、be 動詞の後ろには more ＋形容詞の原級あるいは形容詞の比較級が入ります。than の後ろには比較する対象が入ります。

▶ **実際に使ってみよう**

be more ~ than ... を使って会話してみましょう。

❶ 海岸でザックと夕焼けを眺めます。

Today was great.
And, look at that beautiful sunset!

Yeah.
ここの夕焼けは日本の夕焼けよりきれいだよ。

❷ パリの家賃についてアシュリーと話します。

Paris is one of the most expensive cities
in the world. So, the rent is high.

パリの家が東京の家より高いとは驚いたよ。

回答例

❶ Zac 今日は素晴らしかったよ。それに、あのきれいな夕焼けを見て！
　　You そうだね。The sunset here is more beautiful than the sunset in
　　Japan.

🤖 正答率 16%。beautiful の比較級は more beautiful。

❷ Ashley パリは世界で最も物価が高い都市の一つなの。だから、家賃が高いのよ。
　　You I am surprised that houses in Paris are more expensive than
　　houses in Tokyo.

🤖 正答率 6%。expensive の比較級は more expensive。「東京の
　　家」は複数形だよ。

先生のアドバイス
The Teacher's Advice

「〜についてのアドバイスがあります」
という表現です。

Vanessa

\ キーフレーズ /

have advice about 〜

▶ キーフレーズを使って会話してみよう

料理教室の先生のヴァネッサにインタビューのアドバイスをもらいに行きます。

リスニング 🎧 151 　ロールプレイ 🎧 152

Excuse me, Vanessa.
May I talk to you for a minute?

Of course.
What would you like to talk about, Ken?

Thanks. Well, I have an interview
for a food magazine next week.

That's great.
It's about your *sushi* restaurant, right?

Yes. **Do you have any advice
about doing interviews?**

Sure, Ken. I'm happy to give you some pointers.
Have a seat over here.

訳　You　すみません、ヴァネッサ。ちょっとお話ししてもいいですか。

Vanessa　いいですよ。何について話したいんですか、ケン。

You　ありがとうございます。ええと、来週、料理雑誌のインタビューがあるんです。

Vanessa　それは素晴らしいですね。あなたの寿司レストランについてですね?

You　はい。**インタビューを受けることについてのアドバイスはありますか。**

Vanessa　もちろんです、ケン。喜んでヒントを教えますよ。こちらへ座ってください。

語彙チェック
□ talk to 〜に話しかける　□ for a minute 少しの間
□ give 〜 some pointers 〜に何らかのヒントを与える 熟　□ have a seat 座る

▶ 学習のポイント

have advice about ~ は、アドバイスの依頼あるいは申し出。Do you have advice about ~?と疑問文にすれば依頼、I have advice about ~ なら申し出の表現になります。～には動詞の ing 形や名詞が入ります。

▶ 実際に使ってみよう

have advice about ~ を使って会話してみましょう。

❶ 日本語の勉強法についてザックに話しかけます。

> 日本語の勉強に関していくつかアドバイスがあるよ。

> Really? Thank you, Ken.
> I appreciate it.

❷ アメリカ人の従業員をうまく管理する方法についてザックにアドバイスを求めます。

> Zac, 私のアメリカ人の従業員を管理する
> ことについて何かアドバイスがある?

> Let me think. Well, it's good to tell
> them exactly what you want.

回答例

❶ You　I have some advice about studying Japanese.
　　　Zac　本当に? ありがとう、ケン。感謝するよ。

❷ You　ザック、do you have any advice about managing my American
　　　employees?
　　　Zac　そうだなあ。ええと、要望を正確に伝えると良いよ。

 正答率 15%。managing や employee が難しかったかな?

自信をもって
Be confident

「必ず～するようにします」と確実にする
ことについて話す表現です。

Vanessa

\ キーフレーズ /
I'll be sure to ～

▶ キーフレーズを使って会話してみよう

料理教室の先生のヴァネッサにインタビューに良いアドバイスをもらいます。

リスニング 🎧153　ロールプレイ 🎧154

Can you tell me about the interviewer?

Her name is Olivia.
She's a food writer from the L.A. Foodie.

Oh, I know her well.
Her questions are straightforward.
But, it's important to answer confidently.

That's good advice.
I'll be sure to practice answering confidently.

Great. Practice makes perfect, Ken.
Let me know how it goes!

訳　Vanessa インタビュアーについて教えてもらえますか。

　　You 彼女の名前はオリビアです。彼女は L.A. フーディーの料理記者です。

　　Vanessa 彼女のことはよく知っています。彼女の質問は明快です。でも、自信をもって答
　　　　えるのが大切ですよ。

　　You それは良いアドバイスですね。**自信をもって答える練習を絶対にするようにし
　　　　ます。**

　　Vanessa いいですね。練習をすることで完璧になりますよ、ケン。どうだったか教えてく
　　　　ださいね！

語彙チェック
□ straightforward 明快な 🔁　□ confidently 自信をもって
□ let me know 知らせてください

キーフレーズ
習得数

0　　　　　20　　　　40　　　　60　　　80　　　100

▶ 学習のポイント

I'll be sure to ~ はそのまま訳しても意味が通りづらい表現ですが、「ちゃんと~します」「しっかり~します」くらいのニュアンス。ミスをして今後の改善を誓う場合に有効です。

▶ 実際に使ってみよう

I'll be sure to ~ を使って会話してみましょう。

❶ メールを読んだかとアシュリーから尋ねられます。

I emailed you my grandmother's secret recipe.
Did you read it?

No, not yet.
But, **必ず今夜私のメールを再度確認するようにするよ。**

❷ 大家から家賃の支払いが遅れていると伝えられます。

The rent needs to be paid before
the 21st of each month.

I'm so sorry.
次回は必ずその日より前に払うようにします。

All right. It's fine.
Just try not to be late again!

回答例

❶　Ashley　祖母の秘密のレシピをメールで送ったわ。読んでくれた?
　　You　ううん、まだだよ。でも、I'll be sure to check my email again tonight.

❷　Debra　家賃は毎月 21 日より前に支払われないといけないんですよ。
　　You　本当にすみません。I'll be sure to pay before that date next time.
　　Debra　わかりました。大丈夫ですよ。ただ、もう遅れないようにしてくださいね!

Lesson 78

シャツを購入
Buy a Shirt

「~をください」と購入意思を伝える表現です。

Mia

\ キーフレーズ /

I'll take ~, please.

▶ キーフレーズを使って会話してみよう

衣料品店に欲しいシャツの在庫が入ったので、買いに行きます。

リスニング 🎧155　ロールプレイ 🎧156

 Welcome to M&H. Oh, I remember you.
Have you come back for that white shirt?

Yes. Do you have it in stock now?

 We just got the shipment yesterday.
Do you want to try it on?

No, it's fine, thank you.
I'll take the shirt in a medium, please.

 All right. I'll grab it for you right now.
Give me one second.

Sure. Thank you very much.

訳　Mia　M&Hへようこそ。あら、あなたのことは覚えていますよ。あの白いシャツのためにまた来られたんですか。

You　はい。今はその在庫がありますか。

Mia　ちょうど昨日入荷されたところです。試着されたいですか。

You　いいえ、大丈夫です、ありがとうございます。**そのシャツのMサイズを下さい。**

Mia　かしこまりました。すぐに取ってきますね。少々お待ちください。

You　もちろんです。どうもありがとうございます。

語彙チェック
□ remember 覚えている　□ in stock 在庫の　□ grab 素早く手に入れる 難
□ give me one second ちょっと待ってください 難

キーフレーズ
習得数　0　　20　　40　　60　　80　　100

78フレーズ習得

▶ 学習のポイント

I'll take 〜, please. の take は「買う」という意味。店員に「〜をいただきます」と言う感じです。店やレストランでの注文に使えます。

▶ 実際に使ってみよう

I'll take 〜, please. を使って会話してみましょう。

❶ アシュリーの働くパン屋を訪れます。

Ken, you're here.
Please let me know if there's anything you like.

These cookies look great.
これらを3つください。

❷ ファストフード店でアイスクリームを買います。

What can I get for you?

苺のアイスクリームをコーン入りで下さい。

Okay.
One strawberry ice cream cone, coming up.

回答例

❶　Ashley　ケン、来てくれたのね。何か気に入ったものがあったら、教えてね。

　　You　このクッキーはすごくおいしそうだね。I'll take three of these,
　　　　　please.

 three of these が意外と言えない。「数詞＋ of ＋アイテム複数形」を覚えておこう。

❷　Steven　何になさいますか。

　　You　I'll take the strawberry ice cream, in a cone, please.

　　Steven　わかりました。苺のアイスクリームコーン1つ、ただいま。

 正答率12%。「コーンで」は **in a cone**。「カップで」なら **in a cup**。

Chapter 1 入門編　Chapter 2 日常編❶　Chapter 3 日常編❷　Chapter 4 トラベル編

177

プレゼント購入
Shopping for a Present

「〜の心当たりがあります」とアイデア
について話す表現です。

Mia

\ キーフレーズ /
have 〜 in mind

▶ キーフレーズを使って会話してみよう
衣料品店に妹の誕生日プレゼントを買いに来ました。

リスニング 🎧157　ロールプレイ 🎧158

 Hi, welcome back to M&H.
Are you looking for anything in particular today?

Yes, hello again.
I'd like to buy a birthday present for my sister.

 I see. How about this denim jacket?
It was featured in a magazine recently.

Actually, **I have something
a little more girly in mind.**

 Then, how about a dress?
We have some nice dresses over here.

Oh, that floral print one is nice.
I think she'll like that a lot.

訳　Mia こんにちは、M&H へ再びご来店いただき、ありがとうございます。今日は特に
　　　 何かお探しですか。
　　You ええ、またお会いしましたね。妹のために誕生日プレゼントを買いたいんです。
　　Mia なるほど。このジージャンはいかがですか。最近雑誌で特集されたんです。
　　You 実は、私はもう少し女の子っぽいものを考えているんです。
　　Mia では、ワンピースはどうですか。こちらにいくつか素敵なワンピースがあります。
　　You ああ、あの花柄のは素敵ですね。彼女はとても気に入ると思います。

語彙チェック
□ in particular 特に　□ denim jacket ジージャン　□ featured 特集された 🔊

Chapter 1 入門編 | Chapter 2 日常編 ❶ | Chapter 3 日常編 ❷ | Chapter 4 トラベル編

▶ 学習のポイント

have ～ in mind は、「～を考えている、～の心当たりがある」という意味で、
I have something in mind.（考えがあります）という形でよく使われます。

> アイデアを求められたときには、この表現で自分の考えをアピールしよう。

▶ 実際に使ってみよう

have ～ in mind を使って会話してみましょう。

❶ 今週末何をするかザックと話し合います。

I have no idea what we should do this weekend.
How about you?

面白い考えがいくつか頭に浮かんでるよ。

❷ コウヘイにランチに誘われます。目当ての店はあるのでしょうか。

So, Ken, we should go to lunch today.
Maybe somewhere downtown.

Okay. **レストランの心当たりはあるの？**

I'm glad you asked.
I've been dying to try the new salad place.

回答例

❶　Zac　今週末、何をすればいいかわからないよ。君はどう思う？

　　You　I have some interesting ideas in mind.

❷　Kohei　ところで、ケン、今日ランチに行こうよ。ダウンタウンのどこかで。

　　You　良いよ。Do you have a restaurant in mind?

　　Kohei　聞いてくれて嬉しいよ。新しいサラダの店を試してみたくてたまらないん
　　　　　だ。

ラッピング
Gift Wrapping

「～だとわかります」と自信があること
について話す表現です。

Mia

\ キーフレーズ /

I can tell that ～

▶ キーフレーズを使って会話してみよう

妹へのプレゼントをギフトラッピングしてもらいます。

リスニング 🎧159　ロールプレイ 🎧160

You mentioned this was a gift.
Would you like me to wrap it for you?

Yes. That would be great.
Thank you very much.

All right. Please wait one moment.

～～ 5 minutes later ～～

Okay. Here you are.

The wrapping is so pretty.
I can tell that my sister is going to love it.

I'm glad to hear that.
I hope your sister has a great birthday.

Thank you. That's very kind of you.

訳
Mia　これはプレゼントだとおっしゃっていましたが、包装しましょうか。

You　はい。それはいいですね。どうもありがとうございます。

Mia　かしこまりました。少々お待ちください。（5分後）それでは、はいどうぞ。

You　ラッピングがとてもかわいいですね。**妹がそれをとても気に入るとわかります。**

Mia　それを聞いて嬉しいです。妹さんが素敵な誕生日を過ごされますように。

You　ありがとうございます。ご親切にどうも。

語彙チェック
□ mention 言及する 🈔　□ wrap 包む　□ wait one moment ちょっと待つ
□ pretty かわいい　□ That's very kind of you. ご親切にどうもありがとう

キーフレーズ
習得数

0　　　　　20　　　　　40　　　　　60　　　　　80　　　　100

▶ 学習のポイント

I can tell that ～ は、自分の印象や予想を「私は～だとわかる」と自信を
もって述べる表現です。

> 「将来こうなることが私にはわかる」と未来のことを言う場合は、that
> 以下に going to や will を忘れずに。

▶ 実際に使ってみよう

I can tell that ～ を使って会話してみましょう。

❶ 病気の飼い猫を心配しているアシュリーを慰めます。

The vet said my cat will be okay.
But, I'm worried.

It's okay, Ashley.
万事うまく行くって私にはわかるよ。

❷ ザックが疲れているようなので家に帰ろうと伝えます。

Ken, I'm fine. I can stay out.

No, let's go home.
君がすごく静かだから、疲れていることがわかるよ。

You're right about that.
Well then, let's go home.

回答例

❶　Ashley　獣医さんは猫は大丈夫だと言っていたよ。でも、心配しているの。

　　You　大丈夫だよ、アシュリー。I can tell that everything will be fine.

❷　Zac　ケン、大丈夫だよ。家に帰らなくても平気だよ。

　　You　いや、家に帰ろう。I can tell that you're tired because you're so
quiet.

　　Zac　それは正解だよ。じゃあ、家に帰ろうか。

Lesson 81

兄弟姉妹
Siblings

「あなたが〜と言っていたのを覚えてます」と以前聞いたことについて話す表現です。

Kohei

\ キーフレーズ /

I remember you told me that 〜

▶ キーフレーズを使って会話してみよう

幼なじみのコウヘイと兄弟姉妹について話します。

リスニング 🎧161　ロールプレイ 🎧162

> You remember my sister, right?
> Her birthday is next week.

 Yes, I remember her.
I sometimes saw her when we were little.

> **I remember you told me that you
> don't have any siblings, right?**

 You're right. I'm an only child.

> I see. Anyway, I need to go to the post
> office to send her birthday present.

 Then, hop in my car, Ken.
I'll give you a ride there.

訳
　　You　妹を覚えているよね。彼女の誕生日が来週なんだ。
　Kohei　うん、覚えているよ。僕たちが小さいときに時々見かけたよ。
　　You　**君にはきょうだいがいないと言っていたのを覚えているよ。**
　Kohei　そうだよ。一人っ子なんだ。
　　You　なるほど。それはともかく、妹の誕生日プレゼントを送るために郵便局へ行かないといけないんだ。
　Kohei　それなら僕の車に乗りなよ、ケン。そこへ乗せて行ってあげるよ。

語彙チェック
□ sibling きょうだい　□ only child 一人っ子　□ post office 郵便局
□ hop in 車に乗り込む

▶ 学習のポイント

I remember you told me that ~ は、過去に相手から聞いた情報を持ち出して「そういえば~って言ってたよね」という感じ。~には完全な文で話題の要約が入ります。

▶ 実際に使ってみよう

I remember you told me that ~ を使って会話してみましょう。

❶ アシュリーの家族について話します。

I have a big family back in France,
with many brothers and sisters.

Yeah. あなたが3人の姉妹がいると
言っていたのを覚えています。

❷ ハワイに住むコウヘイのいとこについて話します。

I visited my cousins in Hawaii last year.
This is a picture of us there.

Right. 彼らが数年前ハワイに引っ越したと
君が言っていたのを覚えているよ。

I can't believe you remember that.
You have a great memory, Ken.

回答例

❶ Ashley 私にはフランスに大家族がいるの。たくさんのきょうだいがいるわ。
　　You そうですね。I remember you told me that you have three sisters.

❷ Kohei 去年、ハワイのいとこを訪ねたんだ。これがそこでの僕たちの写真だよ。
　　You ああ。I remember you told me that they moved to Hawaii a few years ago.
　Kohei 覚えているとは信じられないよ。記憶力が良いね、ケン。

郵便局にて
At the Post Office

「〜を…へ送りたいです」と伝える表現です。

Hannah

\ キーフレーズ /

I'd like to send 〜 to ...

▶ キーフレーズを使って会話してみよう

日本に荷物を送るために郵便局にやって来ました。

リスニング 🎧163　ロールプレイ 🎧164

 Hello, sir. Thank you for waiting.
What can I help you with today?

I'd like to send this package to Japan.

 I see.
Does this package contain any food items?

No, it's a dress and a scarf.

 How nice.
How would you like to send this package?

I want to send it by standard airmail, please.

訳　Hannah　こんにちは。お待ちいただきありがとうございます。今日は何の御用ですか。

　　You　**この小包を日本へ送りたいんです。**

　　Hannah　承知いたしました。この小包には何か食料品が入っていますか。

　　You　いいえ、ワンピースとスカーフです。

　　Hannah　素敵ですね。この小包をどうやって送りたいですか。

　　You　標準の航空便で送りたいんです、お願いします。

語彙チェック ─────────────────────────────

□ help 〜 with 〜の…を手伝う　□ package 小包　□ contain 含む　□ standard 標準の
□ airmail 航空便

キーフレーズ
習得数

0　　　　　　20　　　　40　　　　60　　　　80　　　　100

▶学習のポイント

I'd like to send ~ to ... は、郵便局などの窓口で、手紙や小包などを送りたいときに使える表現です。 ～に送りたい物を、... に送付先（人や場所）を入れます。

▶実際に使ってみよう

I'd like to send ~ to ... を使って会話してみましょう。

❶ 母の日の手紙を送るために郵便局へ行きます。

Hello, how can I help you today, sir?

この手紙を母へ送りたいんです。
It's for Mother's Day.

❷ 寿司レストランのイベントへの招待客についてコウヘイに尋ねます。

Have you sent out the invitations
for the event at your restaurant?

Yes. But, **招待状を私の大家さんにも送りたいんだ。**
Is that weird?

I don't think so.
I think she'll be happy.

回答例

❶ Hannah　こんにちは、今日はどのようなご用件ですか。

　　　You　I'd like to send this letter to my mother. 母の日用なんです。

❷ Kohei　レストランのイベントの招待状を送り終えたの？

　　　You　うん。でも、I'd like to send an invitation to my landlady too.
　　　　　変かなあ。

　Kohei　そうは思わないよ。喜ぶと思うよ。

 大家さんは、男性なら landlord、女性なら landlady だよ。

いつ着く?
When will it arrive?

「〜はいつ到着しますか」と尋ねる表現です。

Hannah

\ キーフレーズ /

When will 〜 arrive?

▶ **キーフレーズを使って会話してみよう**

郵便局員に荷物を送る際の詳細を尋ねます。

リスニング 🎧165　ロールプレイ 🎧166

So, how much will it cost to send my package to Japan?

It will cost 65 dollars.

I see. **When will my package arrive?**

It will arrive in three to five business days.

Great. That's before my sister's birthday. Can I pay with a credit card?

Yes, that's okay.
We accept credit cards.

Oh, okay. That's great. Here you are.

訳　You　ところで、私の小包を日本へ送るのにいくらかかりますか。

Hannah　65ドルかかります。

　　You　わかりました。私の小包はいつ到着しますか。

Hannah　3〜5営業日で到着します。

　　You　素晴らしい。妹の誕生日の前に着きますね。クレジットカードで支払えますか。

Hannah　はい、大丈夫です。クレジットカードを受け付けています。

　　You　ああ、わかりました。良かったです。はいどうぞ。

語彙チェック

□ business day 営業日　□ pay with 〜で支払う　□ accept 受け付ける

83フレーズ習得

キーフレーズ
習得数

0　　　　　　20　　　　　　40　　　　　　60　　　　　　80　　　　　100

▶ 学習のポイント

When will ~ arrive? は人や物がいつ到着するかを尋ねる表現です。到着する場所を明確にして確認したい場合は、arrive の後に here（ここに）や「in/at ＋場所」を続けます。

> arrive の後は、到着場所を広い空間と捉えるなら「in ＋場所」、点と捉えるなら「at ＋場所」。

▶ 実際に使ってみよう

When will ~ arrive? を使って会話してみましょう。

❶ ザックの到着時間をアシュリーに尋ねます。

ザックの電車はいつ到着するの？

 His message says he'll get here at 11:45.

❷ コウヘイとレストランにいますが、食事がなかなか来ません。

 Ken, is something wrong?
You look irritated.

私たちの注文はいつ来るのかな？
It's taking a long time.

 You're right.
I think we should ask the waiter about it.

回答例

❶　You　When will Zac's train arrive?
　　　Ashley　メールでは 11:45 にここに着くと言っているわ。

❷　Kohei　ケン、何か問題なの？ いらいらしているみたいだね。
　　　You　When will our order arrive? すごく時間がかかっているよ。
　　　Kohei　そうだね。ウェイターに聞いてみようか。

Chapter 1 入門編　Chapter 2 日常編 ❶　Chapter 3 日常編 ❷　Chapter 4 トラベル編

寄り道
Stop By

「〜しても構いませんか」と相手の了承を得るための表現です。

\ キーフレーズ /
Do you mind 〜ing?

Kohei

▶ キーフレーズを使って会話してみよう

郵便局の帰りに別の用事を済ませます。

リスニング 🎧 167　ロールプレイ 🎧 168

Hey Ken. Did you send the package?

Yes, I did.

Great. Do you need to run any more errands today?

No. But, **do you mind stopping somewhere for a snack?**

No, I don't mind.
We can buy some snacks at a convenience store.

訳　Kohei　やあ、ケン。小包は送った？

　　You　うん、送ったよ。

　　Kohei　よかった。今日はもっと何か用事を済ませないといけないの？

　　You　ううん。でも、**どこかで軽食のために止まってもらっても構わないかな。**

　　Kohei　うん、構わないよ。コンビニで軽食を買えるよ。

語彙チェック

□ run errands 使い走りをする 🉐　□ mind 気にする　□ snack 軽食
□ convenience store コンビニ

キーフレーズ
習得数

0　　　　　20　　　　　40　　　　　60　　　　　80　　　　　100

▶学習のポイント

Do you mind ～ing? は、直訳すると「～を気にしますか」で、「～して構いませんか」と相手の意向を尋ねる表現です。これに対する OK の返答は、Not at all. や I don't mind. と否定形になります。

> OK の返事は No だけど、びっくりしないようにね。

▶実際に使ってみよう

Do you mind ～ing? を使って会話してみましょう。

❶ 別れ際、オリビアに写真を撮らせてもらえるよう頼みます。

That was a great event, Ken.
But, I think I'm going to leave now.

> **もう1分いてもらっても構いませんか。**
> I'd like to take a picture for Footbook.

❷ 郵便受けに入っていた手紙を見てほしいとコウヘイに頼みます。

> **今日受け取ったこの手紙を見てもらっても構わない?**
> I don't know what it is.

Let me see it. Oh, this is junk mail.
You can throw it away.

回答例

❶　Olivia　素晴らしいイベントでした、ケン。でも、もう失礼しようと思います。

　　You　Do you mind staying for one more minute? フットブック用の写真を撮りたいんです。

❷　You　Do you mind looking at this letter I got today? 何かわからないんだ。

　　Kohei　どれどれ。ああ、ただの郵送広告だよ。捨てて構わないよ。

Fantastic! ここまで学んだキーフレーズは 84 個だよ。p. 224 ～で総復習だ。

スピークバディ式学習法・体験談

> スピークバディ式学習法に約半年間取り組み、身につけた会話表現を
> 仕事に役立てている方のお話を伺いました。
>
> 大阪府在住 R.T. さん 20 代 会社員（スピークバディ使用歴 5 カ月）

——スピークバディを選ばれた理由は？

シチュエーションの豊富さですね。学生時代、アメリカに語学留学をしたので
ですが、シチュエーションに合わせた適切な表現が使えず困りました。例えば
友人をランチに誘うときも、日本語から直訳して「私はご飯が食べたいです」
でいいのか考えてしまいました。

なので、スピークバディを開いたときは「いろいろなシチュエーションで使
える会話表現がたくさん入っているな！これは役立ちそうだ」と嬉しくなりま
した。それぞれの会話につながりがあって状況がわかりやすいし、次のレッス
ンもやってみる気になります。

—— 実際にお使いになってみてどうでしたか？

スピークバディはキーフレーズで学ぶので、言い回しや前置詞、単語の使い
分け方なども覚えやすいです。

普段は出勤前の時間を利用して、主にビジネス会話のレッスンをプレイして
います。初級の短いキーフレーズは、時々口慣らし的に使っています。

—— 学習の成果を実感できましたか？

スピークバディのレッスンには、英語で書類の作成を依頼するというシチュ
エーションが出てきます。仕事中に実際にそういう場面に出くわしたことがあ
りますが、レッスンで身につけたキーフレーズを、そのままスッと使うことがで
きたので、大変助かりました。実践的なシチュエーションが豊富に用意されて
いるスピークバディならではの成果だと思います。

日常的な会話表現を使いこなすために、スピークバディを上手にご活用いただいている
R.T. さん。並行して TOEIC の学習も続けられており、スコアは自己記録を更新中とのこと
です。将来のキャリアアップのためにも英語学習を継続したい、とお話しくださいました。

Chapter 4

トラベル編
ハワイ旅行

あなたは、ハワイに初めて一人旅をします。
機内でのやりとりから、ホテルのチェックイン、
現地の交通機関での移動など
旅行に欠かせない表現を身につけましょう。

Erica

Guido

Hannah

John

Alex

このチャプターでは、あなたの名前は Aya Suzuki です。

ビーフ or チキン
Beef or chicken?

「〜にします」と自分の選択を
伝える表現です。

Erica

\ キーフレーズ /
I'll go with 〜

▶ キーフレーズを使って会話してみよう

ハワイ行きの飛行機で機内食を選びます。

リスニング 🎧169　ロールプレイ 🎧170

We're beginning our dinner service now.
There are two options.
Would you like beef or chicken?

Let me think.
Well, **I'll go with the chicken.**

Here you are.
And, what would you like to drink?

I'm okay with water.
Thank you.

訳　Erica　今から夕食のサービスを始めます。2つの選択肢があります。ビーフとチキンの
　　　　　どちらになさいますか。

　　You　そうですね。ええと、**チキンでお願いします。**

　　Erica　はいどうぞ。それと、お飲み物はどうなさいますか。

　　You　水で大丈夫です。ありがとうございます。

語彙チェック
□ option 選択肢　□ Here you are. どうぞ　□ I'm okay with 〜で大丈夫だ

▶学習のポイント

I'll go with ~ の go with ~は「~を選ぶ」という意味。飲食店で注文に迷った挙句に「これ!」と決めたときによく使われます。

Lesson 78 で学んだ I'll take ~でも OK。

▶実際に使ってみよう

I'll go with ~ を使って会話してみましょう。

❶ レストランで食事を注文します。

Hello, ma'am. What can I get for you tonight?

> **このステーキディナーにします。**
> And a glass of red wine, please.

❷ 友人とパーティーに何を着て行くかを話します。

What are you wearing to Kohei's party tonight?

> It's a casual party.
> **So, 青いシャツと黒いパンツにするよ。**

回答例

❶ Nancy こんにちは。今夜は何になさいますか。

You I'll go with this steak dinner. それと、赤ワインをグラスで 1 杯お願いします。

その場でなされた話者の決意を表す will を忘れずに。

❷ Zac 今夜のコウヘイのパーティーに何を着て行くの?

You カジュアルなパーティーだから、I'll go with a blue shirt and black pants.

正答率 11%。blue shirt の前には a が必要。「ズボン」は pants で複数扱い。

機内でのリクエスト
In-Flight Request

「～をもらえますか」と頼み事をするときの表現です。

Erica

\ キーフレーズ /
May I have ～?

▶ キーフレーズを使って会話してみよう

客室乗務員に毛布を持って来てもらうように頼みます。

リスニング 🎧171　ロールプレイ 🎧172

 Hello, ma'am. Do you need something?

Yes. **May I have a blanket?**
It's getting a little chilly.

 Certainly. I'll bring one for you now.
Please wait a moment.

Great. I appreciate it.

 Here you are.
Please let me know if you need anything else.

訳

Erica　こんにちは、お客様。何かご入用でしょうか。

You　はい。**毛布をもらえますか。**少し肌寒くなってきました。

Erica　かしこまりました。今お持ちしますね。少々お待ちください。

You　良かった。ありがとう。

Erica　はいどうぞ。もし他に何か必要であればお知らせくださいね。

語彙チェック

□ blanket 毛布　□ chilly 肌寒い 難　□ Certainly. 承知した 難　□ bring 持って来る
□ I appreciate it. 感謝します

194

キーフレーズ
習得数

86フレーズ習得

0　　　　　　20　　　　　40　　　　　60　　　　　80　　　　100

▶ 学習のポイント

May I～? は「～してもいいですか」と丁寧に尋ねる表現です。このフレーズ の have は「手にする」の意味なので、**May I have ～?** で「～をもらえます か」と、欲しいものを丁寧に頼むニュアンスになります。

名前や電話番号などの情報が欲しい場合にも使えるよ。

▶ 実際に使ってみよう

May I have ～? を使って会話してみましょう。

❶ 新しい友人に電話番号を尋ねます。

It was so nice to meet you today.

It was nice to meet you, too.
あなたの電話番号をもらえますか。

Of course. Here it is.

❷ 紙をもらえないかホテルのフロントデスクで尋ねます。

Can I help you, ma'am?

Yes. **もう1枚紙をもらえますか。**

Certainly. Here you are.

回答例

❶ Ashley 今日はあなたに出会えてとても良かったです。

You 私もあなたに出会えて良かったです。May I have your phone number?

Ashley もちろんです。はいどうぞ。

❷ Hannah ご用件は何でしょうか。

You はい。May I have another piece of paper?

Hannah かしこまりました。どうぞ。

正答率18%。「紙をもう1枚」は、one more paper では×。

入国審査
Immigration

「～でここに来ました」とそこにいる
目的を伝える表現です。

Guido

\ キーフレーズ /

I'm here on ～

▶ キーフレーズを使って会話してみよう

入国審査官にハワイに来た目的を伝えます。

リスニング 🎧173　ロールプレイ 🎧174

 Next in line!
Show me your passport and immigration card.

Hello. Here you are.

 Why are you visiting the islands?

I'm here on vacation.
I'm running in the marathon.

 I see. How long will you be here?

I will be here for four days and three nights.

訳　Guido　列の次の方！ パスポートと入国カードを見せてください。

　　You　こんにちは。どうぞ。

　　Guido　どうしてこの島を訪れているんですか。

　　You　**休暇でここに来ました。** マラソンを走るんです。

　　Guido　なるほど。ここにはどれくらい滞在しますか。

　　You　3 泊 4 日、ここに滞在します。

語彙チェック
□ show 見せる　□ immigration card 入国カード　□ visit 訪れる
□ marathon マラソン

▶学習のポイント

I'm here on ~ は、ある場所への滞在目的を述べる表現。空港の入国審査で渡航理由を尋ねられたときに使えます。 ~ には business（商用）や vacation（休暇）、leisure（余暇）などが入ります。

> 「I'm here to ＋動詞の原形」で「～するためにここに来ました」と言うこともできるよ。

▶実際に使ってみよう

I'm here on ~ を使って会話してみましょう。

❶ 旅行中に地元の人と話します。

Welcome to our island.
Are you traveling alone?

No. 家族の休暇でここに来ました。

❷ 出張中、地元の人に話しかけられます。

Did you come here for vacation?
You don't look like you're having fun.

Actually, 出張でここに来ているんです。

回答例

❶　Alex　私たちの島へようこそ。お一人で旅行されているんですか。

　　　You　いいえ。I'm here on a family vacation.

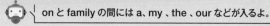

> on と family の間には a、my、the、our などが入るよ。

❷　Jesse　ここには休暇で来たんですか。楽しんでいるように見えませんが。

　　　You　実は、I'm here on a business trip.

> on の後ろは business だけでも OK だけど、そのときは a は入れないでね。

Chapter 1 入門編　Chapter 2 日常編 ❶　Chapter 3 日常編 ❷　Chapter 4 トラベル編

197

滞在先は？
Where will you stay?

「〜に泊まります」と滞在先を伝えるときの表現です。

Guido

\ キーフレーズ /

I'll stay at 〜

▶ キーフレーズを使って会話してみよう

入国審査官に滞在先のホテル名を伝えます。

リスニング 🎧175　ロールプレイ 🎧176

 Is it your first time visiting the islands?

Yes, it is.
I'm excited to see everything.

 And, where will you be staying during your visit here?

I'll stay at the Hawaii Best Hotel.
It's in Waikiki.

 All right, you're free to go.
Enjoy your stay.

Thank you very much. I will.

訳

Guido あなたがこの島を訪れるのはこれが初めてですか。

You はい、そうです。全てのものを見ることにワクワクしています。

Guido それと、ここでの滞在中、どこに滞在しますか。

You **ハワイベストホテルに泊まります。** ワイキキの。

Guido 結構です、もう行って良いですよ。滞在を楽しんでくださいね。

You どうもありがとうございます。そうします。

語彙チェック

□ **first time** 初回　□ **be excited to** 〜にワクワクする　□ **free to go** 行って良い
□ **Enjoy your stay.** 滞在をお楽しみください

88フレーズ習得

▶ 学習のポイント

I'll stay at ～ は、旅行中の滞在場所を述べる表現。空港の入国審査で滞在先を尋ねられたときに使えます。～にはホテルの名前や、友人の家などの具体的な場所が入ります。

▶ 実際に使ってみよう

I'll stay at ～ を使って会話してみましょう。

❶ 旅行中の滞在先について同僚に尋ねられます。

Are you going to rent a room in California?
They're expensive.

No, I'm not.
友人の家に泊まります。

❷ 計画中の旅行について友人に話します。

Tell me all about it.
Where are you going to stay?

海岸の近くのリゾートに泊まるの。
It's a famous one.

That sounds so nice.
I'm jealous of you!

回答例

❶　John　カリフォルニアでは部屋を借りるんですか。高くつきますよ。
　　You　いいえ。I'll stay at my friend's house.

❷　Nancy　全部教えて。どこに泊まるの？
　　You　I'll stay at a resort near the beach. 有名な所だよ。
　　Nancy　すごく良さそうね。うらやましいわ！

Chapter 1 入門編　Chapter 2 日常編❶　Chapter 3 日常編❷　Chapter 4 トラベル編

Lesson 89 タクシー
Taxi

> 「どこで〜できますか」と何かをする場所を尋ねる表現です。

Kohei

\ キーフレーズ /

Where can I 〜?

▶ キーフレーズを使って会話してみよう

空港でタクシー乗り場の場所を尋ねます。

リスニング 🎧177　ロールプレイ 🎧178

Excuse me, **where can I catch a taxi?**

 You're in the right place.
This is the taxi stand.

Great. Is this your taxi?

 Yes, it is. Where are you headed to?

I'm staying at the Hawaii Best Hotel.
Do you know where it is?

 Of course. Please hand me your bags.
I'll put them in the trunk.

訳
You　すみません、**どこでタクシーを捕まえられますか。**

Kohei　あなたは正しい場所にいますよ。ここがタクシー乗り場です。

You　良かったです。これはあなたのタクシーですか。

Kohei　はい、そうです。どちらへ向かいますか。

You　ハワイベストホテルに泊まります。どこにあるか知っていますか。

Kohei　もちろんですよ。カバンを渡してください。トランクに入れますね。

語彙チェック

□ right 正しい　□ taxi stand タクシー乗り場　□ be headed to 〜へ向かう 🔊
□ hand 手渡す　□ trunk トランク

▶ 学習のポイント

Where can I ～? は「私はどこで～できますか」、つまり何かを行うことができる場所を尋ねる表現です。

▶ 実際に使ってみよう

Where can I ～? を使って会話してみましょう。

❶ 駅で荷物の保管場所を尋ねます。

Hello, do you need help with something?

Yes. どこに私のカバンを置けますか。

There are some lockers over there.

❷ 通りすがりの人にごみ箱の場所を尋ねます。

Excuse me, どこでこれを捨てられますか。

Let me see. Well, I think there's
a trash can near the bathrooms.

回答例

❶ Keira こんにちは、どうかされましたか。
　　You はい。Where can I put my bag?
　　Keira あそこにロッカーがありますよ。

❷ You すみません、where can I throw this away?
　　Zac ええと。うーん、お手洗いの近くにごみ箱があると思いますよ。

　　🤖 「捨てる」は throw away。throw だけだと「投げる」の意味だよ。

荷物預かり
Store Luggage

「〜していただけますか」と頼み事を
するときの表現です。

Hannah

\ キーフレーズ /

Could you 〜?

▶ キーフレーズを使って会話してみよう

ホテルに到着しましたが、チェックインまでに時間があります。

リスニング 🎧 179　ロールプレイ 🎧 180

 Aloha! Welcome to the Hawaii Best Hotel.
How can I help you?

I'm staying here, but I arrived early.

 I'm afraid our check-in starts at 2 p.m.

Okay.
Could you keep my bags here?

 Of course.
How many bags will you leave?

I'd like to leave these two bags.

訳　Hannah　アロハ！ ハワイベストホテルにようこそ。ご用件は何でしょうか。

You　ここに泊まるんですが、早く到着したんです。

Hannah　申し訳ありませんが、チェックインは午後 2 時からです。

You　わかりました。**ここで私のカバンを預かっていただけますか。**

Hannah　もちろんです。置いていかれるカバンは何個ですか。

You　この 2 つのカバンを置いていきたいです。

語彙チェック
□ arrive 到着する　□ early 早く　□ I'm afraid 〜 申し訳ありませんが 難
□ keep 預かる 難　□ leave 置いていく

キーフレーズ
習得数

0　　　　20　　　　40　　　　60　　　　80　　　100

90フレーズ習得

▶ 学習のポイント

Could you 〜? は、相手に何かしてもらうように頼む表現で、Can you 〜? よりも丁寧です。ホテルのスタッフにも Could を使ったほうが好感をもたれます。

Could you keep（預っておく）...? を Could you leave（放っておく）...? と言い間違える人が多いよ。

▶ 実際に使ってみよう

Could you 〜? を使って会話してみましょう。

❶ バスケットボールの試合で勝った後に、友人と話をします。

We won, so I wanted to give him a high five. But, he left me hanging.

Sorry? もう一度言ってもらえない？

❷ 忙しい中、同僚に頼み事をされます。

Hey, Aya, can you help me with the favor I asked you about?

Sorry. もう１分待っていただけますか。

回答例

❶ Adam　僕たちは勝ったから、彼とハイタッチをしたかったんだけど、ほったらかされたんだ。

You　何と言ったの？ Could you say that again?

相手の発言が聞き取れなかったときに便利な表現。

❷ Olivia　あの、アヤ、お願いしたことを手伝ってくれますか。

You　すみません。Could you wait one more minute?

one more の後ろは minute と単数形。

Chapter 1 入門編　Chapter 2 日常編 ❶　Chapter 3 日常編 ❷　Chapter 4 トラベル編

「この近くに〜はありますか」と所在を
尋ねるときの表現です。

Jesse

\ キーフレーズ /

Is there 〜 near here?

▶ キーフレーズを使って会話してみよう

近くに飲食店がないか地元の人に尋ねます。

リスニング 🎧181　ロールプレイ 🎧182

> Excuse me. Sorry to bother you,
> but may I ask you something?

> Okay, go ahead.
> What do you want to ask me?

> **Is there a fast food restaurant near here?**
> I'm on vacation, so I'm not familiar with this area.

> I see. Well, I think there's a WacDonald's
> down the street.

訳　　You　すみません。お忙しいところ申し訳ありませんが、お尋ねしてもよろしいです
　　　　　　か。

　　Jesse　はい、どうぞ。どうしたんですか。

　　　　You　**この近くにファストフードのレストランはありますか。**休暇で来ているので、この
　　　　　　エリアをよく知らないんです。

　　Jesse　そうなんですか。ええと、この先にワクドナルドがあると思いますよ。

語彙チェック

□ **Sorry to bother you.** 忙しいところすみません　□ **go ahead** どうぞ
□ **on vacation** 休暇中で　□ **be familiar with** 〜をよく知っている 難
□ **down the street** この先に 難

キーフレーズ
習得数

0　　　　　20　　　　　40　　　　　60　　　　　80　　　　100

▶ 学習のポイント

Is there ~ near here? は、探している店や施設が近くにあるかを尋ねる表現。フォーマルな場面でもカジュアルな場面でも使えます。

▶ 実際に使ってみよう

Is there ~ near here? を使って会話してみましょう。

❶ お手洗いの場所を尋ねます。

Are you looking for something?
I think I can help you.

Yes, I am.
この近くにお手洗いはありますか。

❷ 友人と朝食を食べに行く計画を立てます。

Aya, where do you want to
go for breakfast today?

この近くにいいカフェはある？
I want some coffee.

Hmmm, let me check.
Oh, how about this one?

回答例

❶　John　何かお探しですか。お手伝いできますよ。

　　You　はい、そうなんです。Is there a bathroom near here?

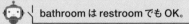

bathroom は restroom でも OK。

❷　Mia　アヤ、今日どこに朝食を食べに行きたい？

　　You　Is there a nice cafe near here? コーヒーが飲みたいんだ。

　　Mia　うーん、確認してみるわ。ああ、ここはどう？

チェックイン
Check In

「〜したいです」と希望を伝える表現です。

Hannah

\ キーフレーズ /

I'd like to 〜

▶ キーフレーズを使って会話してみよう

ホテルにチェックインします。

リスニング 🎧 183　ロールプレイ 🎧 184

 Welcome to the Hawaii Best Hotel.

Hello, **I'd like to check in.**
I also left my bags here.

 All right. What name is the reservation under?

It's Aya Suzuki.

 Right. You have a reservation for three nights.
Are you here to run the marathon?

Yes. I'm participating in the marathon.

 Great. Your room is on the seventh floor.
It's got an ocean view.

訳　Hannah　ハワイベストホテルへようこそ。

　　You　こんにちは、**チェックインしたいのですが**。それと、こちらにカバンを預けたんですが。

　　Hannah　わかりました。ご予約のお名前は？

　　You　アヤ・スズキです。

　　Hannah　かしこまりました。3泊のご予約ですね。マラソンを走るために来たんですか。

　　You　はい。マラソンに参加するんです。

　　Hannah　素晴らしいですね。お部屋は7階になります。オーシャンビューです。

語彙チェック ─────────────────────────────

□ reservation under 〜という名前での予約 🔊　□ participate in 〜に参加する 🔊

キーフレーズ
習得数

0　　　　20　　　　40　　　　60　　　　80　　　　100

▶ 学習のポイント

I'd like to ～ を使えば、I want to ～ よりも丁寧に自分のしたいことを伝えられます。ホテルのフロントなどでもこちらの表現のほうが無難です。

> 「チェックインしたいのですが」は I'd like to check in. 最後の in を忘れずに。

▶ 実際に使ってみよう

I'd like to ～ を使って会話してみましょう。

❶ ホテルのフロントにタオルをもらいに行きます。

Hello.
タオルをもう1枚お願いしたいんです。

Okay. Here you are.
Do you need anything else?

❷ ホテルでルームサービスを注文します。

ルームサービスをお願いしたいのですが。
I'm in room 603.

Certainly, ma'am.
What would you like to order?

回答例

❶　You　こんにちは。I'd like to ask for another towel.

　　Hannah　かしこまりました。どうぞ。他には何か必要でしょうか。

> 正答率18%。「～を求める」は ask for。for が抜けると「～を尋ねる」の意味。

❷　You　I'd like to request room service. 603号室です。

　　Hannah　かしこまりました。何を注文されますか。

ディナー予約
Dinner Reservation

「〜はいくらですか」と値段を
尋ねる表現です。

Hannah

\ キーフレーズ /
How much is 〜?

▶ キーフレーズを使って会話してみよう

ホテルのフロントでルアウパーティーについて質問します。

リスニング 🎧185　ロールプレイ 🎧186

 By the way, are you interested in a cultural show?

Sure. I'd like to experience the local culture.

 Then, how about buying tickets
to a Lu'au dinner party?

Okay.
How much is one ticket to that dinner?

 A ticket costs 30 dollars.
It's a show and all-you-can-eat dinner.

All-you-can-eat and a show for that
price? That's a good deal.

訳　Hannah　ところで、文化ショーに興味はありますか。

　　　You　もちろんです。地元の文化を体験したいです。

　　Hannah　それなら、ルアウディナーパーティーのチケットを購入されてはいかがですか。

　　　You　いいですね。**そのディナーのチケット 1 枚はいくらですか。**

　　Hannah　チケット 1 枚は 30 ドルです。ショーと食べ放題のディナーです。

　　　You　食べ放題とショーでその値段ですか。それは良い買い物ですね。

語彙チェック
□ **cultural** 文化的な　□ **local** 地元の　□ **How about 〜?** 〜はどうか
□ **all-you-can-eat** 食べ放題の 難　□ **a good deal** 安い買い物 難

キーフレーズ 習得数

0　　　　20　　　　40　　　　60　　　　80　　　100

▶学習のポイント

How much is ～? は、買い物に必須の有名な表現ですね。チケットや食事、ショーの席なども、事前に値段をしっかり確認しましょう。

買う物が複数の場合には How much are ～ ?。be 動詞に要注意。

▶実際に使ってみよう

How much is ～? を使って会話してみましょう。

❶ レストランのビュッフェの値段を尋ねます。

Have you heard about our buffet dinner?

Yes, I have. **2 人分のディナーはいくらですか。**

❷ コンサートのチケットの値段を尋ねます。

This concert looks really exciting.
I want to buy front row seats.

最前列の席はいくらなの？

It says here they're 300 dollars per person.

回答例

❶ Hannah ビュッフェディナーについてお聞きになりましたか。

　　You はい、聞きました。How much is a dinner for two people?

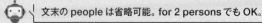

文末の people は省略可能。for 2 persons でも OK。

❷ Olivia このコンサートはすごく面白そうよ。最前列の席を取りたいわ。

　　You How much is a front row seat?

　Olivia ここには一人 300 ドルと書いてあるわ。

「列」は row。2 列目なら the second row。

バス
The Bus

「～はいつ到着しますか」と到着時間を尋ねる表現です。

\ キーフレーズ /

When does ～ arrive?

Mia

▶ キーフレーズを使って会話してみよう

バスの到着時間を地元の人に尋ねます。

リスニング 187　ロールプレイ 188

It seems like the bus is late.
Excuse me, may I ask a question?

 Okay, what's up?

When does this bus arrive?
I've been waiting for a while.

 Oh, it's running late.
But it will probably arrive in 10 minutes.
Are you here on vacation?

Yes, I'm on vacation.
This is my first time in Hawaii.

 That's great. Please enjoy yourself.

訳　You　バスが遅れているようだなあ。すみません、質問をしてもいいですか。

Mia　はい、どうしたんですか。

You　**このバスはいつ到着しますか**。しばらく待っているんですが。

Mia　あら、遅れていますね。でも、おそらくもう 10 分で到着しますよ。ここで休暇中ですか。

You　はい、休暇中です。ハワイは初めてなんです。

Mia　いいですね。楽しんでくださいね。

語彙チェック
□ seem like ～ ～のように見える　□ What's up? どうしたのか　□ run late 遅れる
□ probably 多分

キーフレーズ
習得数

0　　　　　　20　　　　　　40　　　　　　60　　　　　　80　　　　　100

▶学習のポイント

When does 〜 arrive? は、乗り物や人が到着する時間を尋ねる表現。
Lesson 83 同様、到着する場所を明確にして確認する場合は、arrive の後
に here や「in/at ＋場所」を続けます。

 arrive の r の発音に注意。alive にならないように。

▶実際に使ってみよう

When does 〜 arrive? を使って会話してみましょう。

❶ 電車の到着時間を尋ねます。

その電車はいつ到着しますか。

 According to the schedule,
it will arrive in 10 minutes.

❷ 友人を空港まで送っていきます。

 Thanks for dropping me off at the airport.
I really appreciate it.

No problem.
君のフライトはいつ東京に到着するの？

 It gets in at around 9 in the morning.

回答例

❶　You　When does that train arrive?
　　Keira　時刻表によると、あと 10 分で到着します。

❷　Adam　空港まで送ってくれてありがとう。本当に感謝するよ。
　　You　どういたしまして。When does your flight arrive in Tokyo?
　　Adam　朝の 9 時ごろに到着するよ。

Chapter 1 入門編 ｜ Chapter 2 日常編 ❶ ｜ Chapter 3 日常編 ❷ ｜ Chapter 4 トラベル編

文化センター
Cultural Center

> 「どこで〜すべきですか」と場所を尋ねる表現です。

Mia

\ キーフレーズ /

Where should I 〜?

▶ キーフレーズを使って会話してみよう

バスの車内でどの停留所で降りればいいか尋ねます。

リスニング 🎧189　ロールプレイ 🎧190

May I ask you one more thing?

Sure, I don't mind. Please go ahead.

Where should I get off?
I want to go to the cultural center.

The cultural center has its own bus stop.
So, just listen for the name.
When you're nearby, push this button here.

Okay. Thank you for all of your help.

It's no problem at all.

訳

You　もう一つ聞いていいですか。

Mia　はい、構いませんよ。どうぞ。

You　**どこで降りるべきでしょうか。** 文化センターに行きたいんですが。

Mia　文化センターには専用のバス停がありますよ。なので、名前を聞き逃さないようにしてください。近くになったら、ここのこのボタンを押してください。

You　わかりました。色々とありがとうございました。

Mia　どういたしまして。

語彙チェック

□ **I don't mind.** 構わない 醙　□ **get off** 降りる　□ **listen for** 耳を傾ける
□ **nearby** すぐ近くに

キーフレーズ習得数 0 20 40 60 80 100

▶ 学習のポイント

Where should I ～? は、自分が何かをすべき場所を尋ねる表現なので、相手がその場所を指示できる知識をもっている必要があります。使うときはその点を慎重に。

▶ 実際に使ってみよう

Where should I ～? を使って会話してみましょう。

1 ホテルで車を停める場所を尋ねます。

Excuse me, どこに私の車を停めるべきでしょうか。

 Our parking lot is across the street.
Please park your car there.

2 ホテルをチェックアウト後、荷物を預かってもらいます。

 Thank you for staying with us.
Do you want us to store your luggage?

Yes, I do.
私の荷物はどこに置くべきでしょうか。

 Please put it over here.
We will watch it for you.

回答例

1 You すみません、where should I park my car?

Hannah 駐車場は通りの向かい側です。そこに車を停めてください。

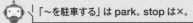 「～を駐車する」は park。stop は×。

2 Hannah ご宿泊ありがとうございます。荷物をお預かりしましょうか。

You はい、お願いします。Where should I put my luggage?

Hannah ここに置いてください。見ておきますので。

テーブル
My Table

「〜の予約があります」と伝える表現です。

Alex

I have a reservation for 〜

▶ キーフレーズを使って会話してみよう

文化センターに到着し、テーブルにつきます。

リスニング 🎧191　ロールプレイ 🎧192

 Aloha and welcome to the King's Feast.
Do you have a ticket?

Yes. **I have a reservation for one person.**
From the Hawaii Best Hotel.

 Your table is right here.
The show will begin shortly,
so please relax until then.

Thank you. I'm really looking forward to it.
This is my first time attending a dinner
party like this.

 We're happy to have you. Please enjoy the show!

訳

Alex　アロハ、そして王様の宴会へようこそ。チケットはお持ちですか。

You　はい。**一人の予約があります。**ハワイベストホテルからです。

Alex　あなたのテーブルはちょうどこちらです。ショーはすぐに始まりますので、それまでくつろいでいてください。

You　ありがとうございます。すごく楽しみにしています。こんなディナーパーティーに参加するのは今回が初めてなんです。

Alex　お越しいただいて嬉しいです。ショーをお楽しみくださいね！

語彙チェック

□ **feast** 宴会 🌺　□ **shortly** すぐに　□ **until then** それまでの間 🌺
□ **look forward to** 〜を楽しみにする　□ **attend** 参加する

▶ 学習のポイント

I have a reservation for ～ は、ホテルやレストランに事前の予約をしていることを告げる表現です。～には人数や時間が入ります。

ホテルの宿泊やレストランでは appointment は使わず reservation。

▶ 実際に使ってみよう

I have a reservation for ～ を使って会話してみましょう。

❶ 予約をしているレストランに到着します。

Good evening, ma'am.
Do you have a reservation?

Yes. **4 人の予約があります。**

❷ マッサージを受けにスパに来ました。

Hello. Do you have a reservation, ma'am?

Hello.
11 時にマッサージの予約をしてあるのですが。

You're right on time.
Please follow me this way.

回答例

❶　Dave　こんばんは。予約されていますか。

　　You　はい。I have a reservation for four people.

 文末の people は省略可能。for four persons でも OK。

❷　Hannah　こんにちは。ご予約をされていますか。

　　You　こんにちは。I have a reservation for a massage at 11.

　　Hannah　ちょうど時間ですね。私についてこちらに来てください。

ショーの感想
Impression of the Show

「〜を楽しみました」と好意的な感想を述べるための表現です。

Alex

\ キーフレーズ /

I enjoyed 〜ing

▶ キーフレーズを使って会話してみよう

ルアウディナーでのショーが終わりました。

リスニング 🎧 193　ロールプレイ 🎧 194

 That's our show for tonight. Mahalo!
And enjoy the rest of your meal!

Well, **I really enjoyed watching your show.**
The fire dancing was unbelievable.

 I'm glad to hear that.

It looks pretty dangerous.
Doesn't it hurt to do that dance?

 It only hurts if you make a mistake.
But, we work hard to prevent that.

Oh, I see. That's impressive.
Thank you again for the great show.

訳　Alex　今夜のショーはここまでです。マハロ！ 残りのお食事をお楽しみください！
　　You　ええと、**あなたのショーを見るのを本当に楽しみました。**ファイアーダンスは信じられないくらい素晴らしかったです。
　　Alex　そう言ってもらえて嬉しいです。
　　You　すごく危なそうですね。あの踊りをするのは痛くないんですか。
　　Alex　痛いのは、間違えたときだけですよ。でも、それを防ぐために一生懸命練習をしています。
　　You　ああ、なるほど。素晴らしいですね。素敵なショーをありがとうございました。

語彙チェック
□ unbelievable 信じがたい　□ hurt 痛む 　□ make a mistake 誤りを犯す
□ work hard 一生懸命に働く　□ prevent 防ぐ 　□ impressive 素晴らしい

キーフレーズ習得数

0　　　　20　　　　40　　　　60　　　　80　　　　100

▶ 学習のポイント

I enjoyed 〜ing は、自分が何かを楽しんだ旨を伝えるだけでなく、それを可能にしてくれた相手に暗に感謝を伝えることもできます。

▶ 実際に使ってみよう

I enjoyed 〜ing を使って会話してみましょう。

❶ 旅行中に知り合った人が面白い話をしてくれます。

> **あなたの話を聞けて楽しかったです。**
> Do you have any other interesting stories?

Of course.
I'll tell you about the time I fought a shark.

❷ 旅行中に知り合った友人に別れを告げます。

Aya, I'm checking out today.
But, I'm glad I met you.

> Me, too.
> **あなたにここで会えて本当に楽しかったです。**

Call me if you come to France.
I want to see you again!

回答例

❶　You　I enjoyed listening to your story. 他にも何か面白い話をおもちですか。

　　　Zac　もちろんです。サメと戦ったときの話をしましょう。

　　　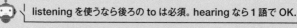 listening を使うなら後ろの to は必須。hearing なら1語で OK.

❷　Ashley　アヤ、私は今日チェックアウトするんです。でも、あなたに会えて良かった。

　　　You　私もです。I really enjoyed meeting you here.

　　　Ashley　フランスに来たときは電話してね。また会いたいわ!

写真撮影
Take a Picture

「〜していただけませんか」と頼み事を
するときの表現です。

John

\ キーフレーズ /
Would you 〜?

▶ キーフレーズを使って会話してみよう

海辺で見知らぬ人に写真を撮ってもらいます。

リスニング 🎧195　ロールプレイ 🎧196

Excuse me, **would you take a picture of me?**

Sure. Please pass me your phone.
Okay, say cheese!

Thank you. Oh, can you take it again?
This one's blurry.

Of course. Sorry about that.
One more time, cheese!

〜〜 After taking pictures 〜〜

How do these look?
I took a couple this time.

They're perfect. Thank you so much.

Anytime. I'm happy I could help.

訳　You すみません、私の写真を撮っていただけませんか。
　　John もちろんです。携帯電話を貸してください。では、はいチーズ！
　　You ありがとうございます。ああ、もう1回撮ってくれますか。ぼやけています。
　　John もちろんです。すみません。もう1回、チーズ！
　　　　（撮影後）これはどうですか。今回は2枚撮りましたよ。
　　You 完璧です。どうもありがとうございます。
　　John どういたしまして。お手伝いができて嬉しいです。

語彙チェック
□ blurry ぼやけた 形　□ a couple 2つ　□ Anytime. どういたしまして 熟

98フレーズ習得

キーフレーズ
習得数

0　　　　　20　　　　　40　　　　　60　　　　　80　　　　100

▶ 学習のポイント

Would you ～? は何かをしてもらえないかと相手に丁寧に依頼する表現です。Could you ～? と異なるのは、相手がそれを実行できることを把握した上で、する意志があるかどうかを尋ねている点です。

▶ 実際に使ってみよう

Would you ～? を使って会話してみましょう。

❶ ドアを開けてくれるように友人に頼みます。

私のためにドアを開けてもらえない？
My hands are full.

 Of course.
I'll open it for you.

❷ フォルダーを取ってくれるように同僚に頼みます。

 What's up, Aya?

あのフォルダーを私に取っていただけませんか。

 This one?
Here you are.

回答例

❶　You　Would you open the door for me? 手がふさがっているんだ。
　　Zac　もちろん。開けてあげるよ。

❷　John　どうしたんだい？ アヤ。
　　You　Would you pass me that folder?
　　John　これですか。はいどうぞ。

　🤖 ＼「〜に手渡す」という意味の「取る」は pass。take は×。

お土産
Souvenirs

「~することに決めました」と決心を伝える表現です。

\ キーフレーズ /

I've decided to ~

Zac

▶ キーフレーズを使って会話してみよう

ハワイのコンビニである XYZ ストアにお土産を買いに行きます。

リスニング 🎧 197　ロールプレイ 🎧 198

 Welcome to the XYZ store. May I help you?

Thank you. What is the difference between these two lotions?

 This one is unscented, and this one smells like coconut.
I recommend the coconut one.

I see. They both sound like good choices.
I've decided to go with the coconut one.

 Great. That's one of our best sellers.

訳　Zac　XYZ ストアへようこそ。ご用件を承りましょうか。

You　ありがとうございます。これら２つのローションの違いは何ですか。

Zac　これは無香料で、これはココナッツの香りがします。ココナッツのものをおすすめしますよ。

You　なるほど。どちらも良い選択肢のようですね。**ココナッツのものにすることに決めました。**

Zac　いいですね。当店のベストセラー商品の一つです。

語彙チェック ────
□ difference 違い　□ unscented 無香料の　□ choice 選択肢

▶ 学習のポイント

I've decided to ~ は、何かを決断したことを伝える表現。現在完了形なので、その決定に至るまでに熟慮した過程もイメージさせる効果があります。

▶ 実際に使ってみよう

I've decided to ~ を使って会話してみましょう。

❶ 一緒に旅行している友人とお土産について話します。

Aya, have you picked a good souvenir yet?

Yes.
妹のためにこのポストカードを買うことに決めたんだ。

Oh, that's nice.
The picture is very pretty.

❷ お店で同僚のためのお土産を探します。

Hello, ma'am. Have you made a decision about what to buy?

Yeah, thanks to your advice.
これらのペンをお土産に買うことに決めました。

回答例

❶　Ashley　アヤ、いいお土産をもう見つけた？

　　　You　うん。I've decided to buy this postcard for my sister.

　　Ashley　ああ、いいわね。その写真はすごくきれいね。

❷　Erica　こんにちは。何を買うか決められましたか。

　　　You　はい、あなたのアドバイスのおかげです。I've decided to buy these pens as souvenirs.

正答率14%。「お土産に」の「に」は「お土産として」だから as。souvenirs もすぐ言えたかな？

221

「～な滞在でした」と滞在についての感想を述べる表現です。

Hannah

\ キーフレーズ /
I had a ～ stay.

▶ **キーフレーズを使って会話してみよう**

ホテルでチェックアウトをします。

リスニング 🎧199　ロールプレイ 🎧200

Good morning.
I'd like to check out, please.

All right. I'll take your key.
Did you have anything from the mini bar?

No, I didn't.

Then, you're all set.
Did you enjoy your stay?

Yes, **I had a pleasant stay.**
I want to come back again.

I'm glad to hear that.
We'll be waiting for your return.

訳　　You　おはようございます。チェックアウトをお願いします。

Hannah　かしこまりました。鍵をいただきますね。ミニバーをお使いになりましたか。

You　いいえ、使っていません。

Hannah　では、こちらで完了です。滞在を楽しまれましたか。

You　はい、**楽しい滞在でした**。また帰って来たいです。

Hannah　そうお聞きして嬉しいです。またのお越しをお待ちしております。

語彙チェック ―――――――――――――――――――――――――――
□ **be all set** 準備ができている 熟　□ **pleasant** 楽しい 形
□ **wait for one's return** ～が帰ってくるのを待つ

▶ 学習のポイント

I had a ~ stay. は、ある場所に滞在した感想を述べる表現。ホテルの
チェックアウト時や、旅行の思い出話を伝える際によく使われます。～には
pleasant や relaxing など、感想を表す形容詞が使われます。

> 感想を述べるのは今だけど、体験したことは過去だから、I have じゃな
> く I had。

▶ 実際に使ってみよう

I had a ~ stay. を使って会話してみましょう。

❶ ホテルでの滞在の感想を伝えます。

Thank you for staying at our hotel.
How was your stay?

とてもくつろいだ滞在でした。
Thank you for everything.

❷ 友人に先日の旅行の思い出話をします。

How was your hotel?
Did you have a nice time there?

No, **不快な滞在だったよ。**
The people next door were so noisy!

回答例

❶ Hannah　当ホテルにお泊まりいただきありがとうございました。ご滞在はいかがで
　　　　　したか。

　　You　I had a very relaxing stay. いろいろとありがとうございました。

❷ Mia　ホテルはどうだった？ 良い時間が過ごせた？

　　You　ううん、I had an unpleasant stay. 隣の人たちがすごくうるさくて！

 正答率 22%。unpleasant を思いつかない人が多かったみたい。

> Congratulations! 100 レッスンやり切ったね。p. 224 ～で力試ししよう！

キーフレーズ・チェック

この本で学習したキーフレーズを使って、右側の英語を見ずに日本語を英語で言ってみましょう。スムーズに言えなければ、キーフレーズを学習したレッスンに戻って復習しましょう。ここでフレーズの定着度を確認するたびに、左のボックスにチェックを入れてください。

Chapter 1 🎧201

1	お名前を聞いてもよろしいですか。	May I ask your name?
2	今日のあなたの一日の調子はどうですか。	How is your day today?
3	私は日本の東京出身です。	I'm from Tokyo, Japan.
4	あなたの電話番号は何番ですか。	What is your phone number?
5	私の家族は4人です。	I have four people in my family.
6	写真のその男性は誰ですか。	Who is that man in the picture?
7	あなたの故郷はどこですか。	Where is your hometown?
8	私は英語を勉強するつもりです。	I'm going to study English.
9	私はスポーツをするのが好きです。	I like playing sports.
10	私は上手にピアノが弾けます。	I can play the piano well.
11	私は異文化に興味があるんです。	I'm interested in different cultures.
12	あなたはいつヨガクラスに行っていますか。	When do you go to yoga class?
13	あなたはどちらの映画が好きですか。	Which movie do you like?
14	あなたの授業は何時ですか。	What time is your class?
15	どうして電車が遅れているんですか。	Why is the train late?
16	飲みに行きませんか。	Do you want to go for a drink?
17	これを運んでくれませんか。	Can you carry this, please?
18	私を誘ってくれてありがとうございます。	Thanks for inviting me.
19	寒すぎて泳ぎには行けませんよ。	It's too cold to go swimming.

Chapter 2 🎧202

20	君に会えて嬉しいよ。	I'm happy to see you.
21	元気だった？	How have you been?
22	あなたはコウヘイの友達ですよね。	You must be Kohei's friend.
23	私は横浜で生まれました。	I was born in Yokohama.
24	コウヘイとはどうやって出会ったの？	How did you meet Kohei?
25	これが私の番号です。	Here's my number.
26	僕と出かけない？	Do you want to hang out with me?
27	僕は新しいスターファイトの映画が見たいんだ。	I want to watch the new Star Fight movie.

□□□	
28 いつ会うべきかな?	When should we meet?
29 聞いたことある?	Have you heard of it?
30 後でもう一度それを見ないといけないだろうな。	I'm gonna have to watch it again later.
31 この辺りで人気のあるレストランはどれなの?	Which restaurant is popular in this area?
32 アイスティーをください。	I'll have an iced tea, please.
33 僕はピクルスがあまり好きじゃないんだ。	I don't like pickles very much.
34 それについて教えてくれる?	Can you tell me about it?
35 僕の趣味も料理なんだ。	My hobby is cooking, too.
36 そのクラスはどんな感じなの?	What is the class like?
37 3週間くらい前だよ。	It was about three weeks ago.
38 僕の会社が新しいレストランをここで開いたからなんだ。	It's because my company opened a new restaurant here.
39 少なくとも1年は滞在するよ。	I will stay for at least a year.
40 僕は新しい友達を作ろうとしているんだ。	I'm trying to make new friends.
41 ここで新しいレシピを学びたくてたまらないよ。	I can't wait to learn new recipes here.
42 あなたも料理教室のためにここへ来たんですか。	Are you here for the cooking class, too?
43 この教室へはよく来ているんですか。	Do you come to this class often?
44 フランスへは行ったことがないです。	I've never been to France.
45 そこで何をしているんですか。	What do you do there?
46 レストランを運営するのが私の仕事です。	It's my job to manage the restaurant.
47 今日はバスで来たの?	Did you come by bus today?
48 私の目標は、異なる文化の食べ物について学ぶことなんです。	My goal is to learn about different cultures' food.
49 どうやってそれを調理するんですか。	How will we cook it?
50 君は今日のクラスをどう思った?	What did you think of today's class?
51 料理コンテストについて僕に詳細を教えてくれる?	Can you fill me in on the cooking contest?
52 彼はもっと料理をする必要があるから、参加すると思うよ。	I think he will join because he needs to cook more.

Chapter 3　🎧203

□□□	
53 僕の頼みを聞いてくれる?	Can you do me a favor?
54 僕を車に乗せてくれて改めてありがとう。	Thank you again for giving me a ride.

55	ここで額縁を売っていますか。	Do you sell picture frames here?
56	「洗剤」のことを英語で何と言うの？	How do you say *senzai* in English?
57	クレジットカードで支払えますか。	Can I pay with a credit card?
58	ぜひ君と行きたい。	I'd love to go with you.
59	一番近い地下鉄の駅がどこか教えていただけますか。	Could you tell me where the nearest metro station is?
60	私の左側に駅が見えるはずなんですね。	I should see the station on my left side, right?
61	この電車はカルバーシティー駅へ行きますか。	Does this train go to Culver City Station?
62	カルバーシティー駅で降りないといけないんです。	I have to get off at Culver City Station.
63	僕はファーマーズマーケットが初めてなんだ。	It's my first time at a farmer's market.
64	僕はうまくできるかどうかわからないな。	I don't know if I can do that well.
65	君が自分の欲しい物を手に入れる方法が好きだよ。	I like the way you get what you want.
66	お話し中すみませんが、これらの緑の葉っぱは何ですか。	Sorry to interrupt, but what are these green leaves?
67	もし私が両方買ったら、値下げしてくれますか。	If I buy both, can you give me a discount?
68	僕は日本語でインタビューを受けるのには慣れてるよ。	I'm used to doing interviews in Japanese.
69	ヘアカットの予約を入れたいんです。	I want to schedule a haircut appointment.
70	私は4時に予約しています。	I have an appointment at 4.
71	自分用の素敵なシャツを探しています。	I'm looking for a nice shirt for myself.
72	青いシャツを試着してもいいですか。	May I try the blue shirt on?
73	このシャツで他の色のものはありますか。	Do you have this shirt in any other colors?
74	なぜソースを作るのが難しいんですか。	Why is it difficult to make the sauce?
75	このレシピは前回のものより難しかったね。	This recipe was more difficult than the last one.
76	インタビューを受けることについてのアドバイスはありますか。	Do you have any advice about doing interviews?
77	自信を持って答える練習を絶対にするようにします。	I'll be sure to practice answering confidently.

□□□ 78 そのシャツのMサイズを下さい。	I'll take the shirt in a medium, please.
□□□ 79 僕はもう少し女の子っぽいものを考えているんです。	I have something a little more girly in mind.
□□□ 80 妹がそれをとても気に入るとわかります。	I can tell that my sister is going to love it.
□□□ 81 君にはきょうだいがいないと言っていたのを覚えているよ。	I remember you told me that you don't have any siblings, right?
□□□ 82 この小包を日本へ送りたいんです。	I'd like to send this package to Japan.
□□□ 83 私の小包はいつ到着しますか。	When will my package arrive?
□□□ 84 どこかで軽食のために止まってもらっても構わないかな。	Do you mind stopping somewhere for a snack?

Chapter 4 🎧204

□□□ 85 チキンでお願いします。	I'll go with the chicken.
□□□ 86 毛布をもらえますか。	May I have a blanket?
□□□ 87 休暇でここに来ました。	I'm here on vacation.
□□□ 88 ハワイベストホテルに泊まります。	I'll stay at the Hawaii Best Hotel.
□□□ 89 どこでタクシーを捕まえられますか。	Where can I catch a taxi?
□□□ 90 ここで私のカバンを預かっていただけますか。	Could you keep my bags here?
□□□ 91 この近くにファストフードのレストランはありますか。	Is there a fast food restaurant near here?
□□□ 92 チェックインしたいのですが。	I'd like to check in.
□□□ 93 そのディナーのチケット1枚はいくらですか。	How much is one ticket to that dinner?
□□□ 94 このバスはいつ到着しますか。	When does this bus arrive?
□□□ 95 どこで降りるべきでしょうか。	Where should I get off?
□□□ 96 一人の予約があります。	I have a reservation for one person.
□□□ 97 あなたのショーを見るのを本当に楽しみました。	I really enjoyed watching your show.
□□□ 98 私の写真を撮っていただけませんか。	Would you take a picture of me?
□□□ 99 ココナッツのものにすることに決めました。	I've decided to go with the coconut one.
□□□ 100 楽しい滞在でした。	I had a pleasant stay.

　ここでは、AI英会話アプリ「スピークバディ」の内容とそのダウンロード方法について説明します。

■ AI 英会話アプリ「スピークバディ」とは

ポイント

- シャイでもできる AI 英会話アプリ
- 音声認識機能でAIとの会話を実現。まるで人と会話しているような学習
- 様々な場面の英語表現を習得。豊富なコンテンツで英会話体験
- 言語習得理論に基づく効率的学習プロセスであなたに最適な学習カリキュラムを提供

　従来の人との対話ではなく、感情豊かな AI キャラクターと対話をしながら発音やフレーズ、単語、イディオムなどを学ぶことができる新しい英会話学習サービスです。

■ アプリのダウンロードはこちら

　あなたもスピークバディを始めてみませんか？
1 週間の体験と初回のレベルチェックテストは
無料で受けられます。

※ 2021 年 3 月現在

■ 本書のレッスンをアプリでも学習してみよう

　アプリの中に、本書収録の 100 レッスンをご用意しています。
　本書と併用することで、学習効率がアップします。

■ アプリで本書のレッスンを使うには

　無料体験を開始すると、全てのコンテンツが使えるようになります。コンテンツ一覧のページから「書籍コンテンツ」をお選びください。

　本書掲載の 100 レッスンのカリキュラムを作成し、計画的に学習することもできます。

※画面構成はアプリのアップデートにより変更となる可能性がございます。掲載画面は2021 年 3 月時点

■ 自分の学習スタイルに合わせて本書とアプリを使い分け！

　例えば

　• 自宅ではアプリで、外出先や移動中は本書で

　• 本書でマスターしてから、アプリで腕試し

など、本書とアプリを一緒に活用し、スピークバディ式学習法でキーフレーズを身につけましょう。

AI 英会話アプリ「スピークバディ」ユーザーの声から "英語学習者ビフォー＆アフターあるある" をご紹介します！

▶ケース 1

ビフォー 今までの英会話レッスンでは、話せなかった…

アフター AI 相手でストレスなく話せる！

　オンライン英会話を利用したけれど、毎回自己紹介だけで終わってしまったり、特にテーマもなく始めたり、相手に気を使ってストレスになったり…。結局何回も挫折してしまいました。アプリは AI 相手なので余計なストレスがありません。テーマ設定が明確で、自分の発話を確認できるから成果が見えやすく、手応えを感じられています！（30 代 会社員 男性）

▶ケース 2

ビフォー 実際に使える気がしない…

アフター 毎日短時間で楽しくスピーキング練習ができる！

　単語ばかり覚えさせるアプリや、実際に使う場面がわからない英作文の本は、続けられませんでした。スピーキング練習の機会がなく、自分で文章を組み立てるのが苦手で悩んでいたので、スピークバディの英作文や応用練習を毎日使っています。短時間でできるし、楽しい！（20 代 会社員 女性）

▶ケース 3

ビフォー つまらない、続けられない…

アフター 親近感のあるバディとワクワクして練習できる！

　いわゆる「勉強」は楽しくなくて続けられません。スピークバディの AIキャラクターには親近感がもてるし、褒められると嬉しい！今日は誰が出てくるかな？というワクワク感があります。（20 代 会社員 女性）

▶ケース 4

ビフォー 時間がなくてできない…

アフター 生活スタイルに合わせて学べる！

　英会話スクールに行く時間はないし、どんな教室が自分に合っているのかもわかりません。でもアプリは自分の生活スタイルに合います。毎日「今日のレッスン」が提示されて進めやすく、1 つ 1 つのレッスンも短いから短時間でできます。（40 代 会社員 男性）

　AI 英会話アプリ「スピークバディ」開発チームは 18 名（2021 年 1 月現在、パートタイムも含む）。コンテンツ、デザイン、サーバーサイド、クライアントの 4 つのチームから成ります。英語、日本語やフランス語など、語学を苦労して身につけてきた多様なメンバーが日々開発しています。

M.T.　コンテンツエディター　Japan

ユーザーのリクエストやタイムリーなトピックを取り入れられるよう、内容を厳選し、日本人のつまずきやすいポイントにも留意しています。いつもの自分とは違う人になりきって話してみてください！

M.M.　UX/UI デザイナー　Australia

言語教育の専門家の視点を取り入れながら、ユーザーの学習体験を設計しています。言語の習得には高い山に登るような難しさがあると、自分も実感しています。Speak for the future!（未来のために話そう）

H.N.　iOS エンジニア　Japan

英語学習には継続と量が必要ですが、つまらないと続けにくいので、いかに楽しくアプリを使い続けられるかをいつも考えています。自身の学習経験は、新機能の開発時、使う人の立場で判断するのに役立っています。

N.R.　AI エンジニア　The Netherlands

使う方が楽しみながらリアルな英会話を学べるよう心がけています。英語のネイティブスピーカーはノンネイティブの英語のなまりをそれほど気にしないので、発音ばかりに気を取られなくても大丈夫ですよ。Don't be afraid to make mistakes!（失敗を恐れずに）

L.S.　サーバー /Android エンジニア　Japan

少しでも多くの人の学習の助けになりたいという気持ちで開発をしています。英語は、国際色豊かなメンバーとの協力や、技術情報へのアクセスなど、仕事をする上で重要な武器となっています。

H.S.　iOS エンジニア　Japan

実は英会話に苦手意識がありました。でも、失敗を恐れていても上達できない！と気づき、日々スピークバディで文法・発音チェックしています。自分でも使ってワクワクできるアプリ作りを目指しています。

編者紹介

株式会社スピークバディ

2013 年設立以来、自社開発アプリを中心に英語学習サービスを提供している。2016 年に AI 英会話アプリ「スピークバディ」をリリース。音声認識、会話 AI、デジタル音声等の技術により、感情豊かな AI キャラクターと対話しながら学ぶという新しい英語学習方法を創出。2019 年 5 月に App Store 教育ランキングで 1 位を獲得。2020 年 9 月に累計 100 万ダウンロードを突破、現在もダウンロード数を伸ばし続けている。

2019 年からオンライン英語コーチングサービス「スピークバディ パーソナルコーチング」を開始。専属の英語コーチがユーザーの毎日の自主学習をサポートするサービスを提供している。

編集チーム
コンテンツ: 藤原 さや香　デザインチェック: Michael Mason
ビジネス: 大谷 千夏　PR: 飯嶋 健司

AI 英会話スピークバディ
実際に使って身につける
英会話キーフレーズ 100

2021 年 4 月 5 日　初版発行
2021 年 4 月20日　第 2 刷発行

編　　者　株式会社スピークバディ
　　　　　© SpeakBUDDY Ltd., 2021
発 行 者　伊藤秀樹
編集協力　大塚智美
装　　幀　清水裕久
発 行 所　株式会社ジャパンタイムズ出版
　　　　　〒102-0082 千代田区一番町 2-2 一番町第二 TG ビル 2F
　　　　　電話　050-3646-9500 (出版営業部)
　　　　　振替口座　00190-6-64848
　　　　　ウェブサイト　https://jtpublishing.co.jp/
印 刷 所　日経印刷株式会社

Printed in Japan　ISBN 978-4-7890-1785-5